工作的本质

[日] 远藤功 著

石立珣 译

中国科学技术出版社

·北 京·

SENRYAKU CONSULTANT SHIGOTO NO HONSHITSU TO ZENGIHOU by Isao Endo
Copyright © 2020 Isao Endo
All rights reserved.
Original Japanese edition published by TOYO KEIZAI INC.
Simplified Chinese translation copyright © 2021 by China Science and Technology
Press Co.
This Simplified Chinese edition published by arrangement with TOYO KEIZAI INC.,
Tokyo, Through Shanghai To-Asia Culture Co., Ltd.

北京市版权局著作权合同登记 图字：01-2021-0217。

图书在版编目（CIP）数据

工作的本质 / （日）远藤功著；石立珣译. —北京：中国
科学技术出版社，2021.5

ISBN 978-7-5046-9007-4

Ⅰ. ①工… Ⅱ. ①远… ②石… Ⅲ. ①工作方法－通俗
读物 Ⅳ. ① B026-49

中国版本图书馆 CIP 数据核字（2021）第 059077 号

策划编辑	申永刚 耿颖思 戚琨琨		**责任编辑**	陈 洁	
版式设计	锋尚设计		**封面设计**	马筱琨	
责任校对	吕传新		**责任印制**	李晓霖	

出　　版	中国科学技术出版社
发　　行	中国科学技术出版社有限公司发行部
地　　址	北京市海淀区中关村南大街 16 号
邮　　编	100081
发行电话	010-62173865
传　　真	010-62173081
网　　址	http://www.cspbooks.com.cn

开　　本	880 mm × 1230 mm　1/32
字　　数	180 千字
印　　张	8.75
版　　次	2021 年 5 月第 1 版
印　　次	2021 年 5 月第 1 次印刷
印　　刷	北京盛通印刷股份有限公司
书　　号	ISBN 978-7-5046-9007-4 / B・70
定　　价	59.00 元

序

被叫作"虚业"

"管理咨询是令人头大、不负责任的工作，有什么意思！赶紧辞职，早点回来踏踏实实做实业吧。"

这是我转行做管理咨询工作的第3年，曾对我照顾有加的公司前辈对我说的话。这些话至今我还牢记在心中。

很多人对管理咨询师的印象不太好，我们经常能听到这样的评价。

——听起来很有道理，但不过都是纸上谈兵。

——没流过汗，没干过活儿，不知现实情况，却把自己的话当作命令。

甚至很多人打心里就讨厌管理咨询师。

我自己也曾从多家知名企业的经营管理层那里亲耳听到"我不相信管理咨询师""咨询起不了任何作用"这样的话。

现在我已经全然不在意这些话了。但在我年轻的时候，每当听到这样的话语，我总会沮丧不已，思虑很多。

关于管理咨询师的社会认知已经提高

现在，管理咨询师已经成为高学历年轻人中非常受欢迎的职业之一。

日本招聘求职网站"ONE CAREER"，曾针对日本东京大学和京都大学的大学生开展过一项关于"2021年大学毕业生理想职业排行榜"的调查。其结果显示，排名前30的理想就业单位中，咨询公司占了14席，其中罗兰·贝格国际管理咨询公司排名第21位。

在30多年前，我刚从事管理咨询行业的时候，管理咨询行业与现在相比简直不可同日而语。显而易见，关于管理咨询行业的社会认知已经大幅提升。

不过，以现在的实际情况来看，真正能为客户提供货真价实的咨询服务的优秀管理咨询师却并不多。可以说，其中大多数人距离专业水平还相差甚远，只能说是"领薪水的咨询师"，甚至是"伪咨询师"。

从事管理咨询行业并不要求具备什么特殊资质，只需要在名片上印上"管理咨询师"几个字，从此便可以对外宣称自己是咨询师了。

行业入门门槛低，水平参差不齐也是事实。人们误认为咨询行业是"虚业"也不是没有道理。

为了不再被人叫作"虚业"，也为了从事实上证明管理咨询行业不是"虚业"，我在行业里坚持了30多年，一直努力着。

诚实地说，在这30多年里我不止一次地觉得我的工作没有价值，也不止一次感受到自己的空洞和无力。

现在回过头想，那不过是为了转嫁自己内心的无力感，认为"工作没有价值"不过是为了让自己接受自己的无力罢了。

实际上，我有很多次机会可以重新回到"实业"中。但我还是选择在自己所选的道路上继续前进，并一直坚持到现在。

我选择继续坚持的根本原因，在于我希望能继续用自己的行动去证明管理咨询行业也是"非常优秀的实业"。

历经四大外资咨询公司的"稀有职业生涯"
——曾担任其中三家公司的合伙人

在我从业的30多年里，曾在4家外资咨询公司工作过。

在两家公司工作过的人比较普遍，但是像我这样先后在4家公司就职过的人却是非常少见的。

在曾就职过的4家公司中，我担任了其中3家公司的合伙人。

可能有的人会觉得我前后在4家公司任职，是沉不下心工作的表现。但我自己知道，几次工作变换都是为了提高自身的管理咨询能力，拓展管理咨询的宽度和深度。所以，我在不同的职业发展阶段选择了与自己的提升需求相匹配的最佳公司。

我在波士顿咨询公司（以下简称BCG）开启了我的管理咨询职业生涯。在BCG任职期间，我参与了众多战略咨询项目，在

BCG积累到的经验成为我职业发展的基础，也是我职业的原点。

但是，我不想只做战略咨询项目，我强烈希望能更多地参与到公司实操业务层面的咨询项目中，于是我加入了在众多业务领域提供广泛咨询服务的安达信咨询公司（以下简称AC，后更名为埃森哲公司）。

在AC，我致力于战略小组的建立，同时也积极参与到多项业务改革和经营改革的项目中。

之后，经由BCG一起共事的前辈邀请，我加入博斯艾伦咨询公司（以下简称BAH）。

公司业务运作是BAH的强项。在那里我曾参与到全球水平的供应链管理改革和采购系统改革的项目中。

2000年，我加入罗兰·贝格国际管理咨询公司，出任罗兰·贝格国际管理咨询公司（日本）的社长。

在罗兰·贝格国际管理咨询公司，我作为经营管理人员，是强化和提升当时还比较弱小的日本东京公司的阵前先锋。之后，我成为罗兰·贝格国际管理咨询公司德国总部监事会的首位亚洲籍管理人员，参与到罗兰·贝格国际管理咨询公司的全球业务的管理事务中。

在管理咨询行业从业的30多年间，我服务过约100个客户，参与过200多个咨询项目。

经历过中长期经营计划制订、全公司发展战略制定、事业发展战略制定、业务实操改革、全球发展战略制定、新兴事业发展战略制定、公司重组并购等多个跨业务、跨行业的重大项目，如此珍贵的从业经历，成为我一生的财富，也是我最大的强项。

要求脑力、体力、精神层面均须异常坚韧
——被称为"智力、体力密集型行业"的缘由

看到我这么丰富的工作经验，大家可能会认为我一定是一位身经百战、技能娴熟的管理咨询专家，但非常遗憾，我并不是。

虽然我曾参与和负责过很多项目，但每个客户的实际情况是不同的。给A公司的解决方案，不可能直接用到B公司的问题上。

当然，一个人所积累的经验越多，可供你随时调取的储备信息也就越多。但是，这些也只不过是经验和案例而已，并不是你可以直接给客户的解决方案。

在咨询服务过程中，咨询师需要根据每个客户的不同需求和不同特征，给出对客户来说最为优化和最为适合的方案。

每个项目都是真枪实战、胜负对决。所以，咨询服务工作其实是高强度、高要求的职业。

年纪轻轻就可以自信从容地面对众多企业经营老手，并为之提出企业变革和业务支持的解决方案，从外表看，咨询服务的从业人员真是帅气十足。

但实际上，我们的工作极其艰辛，需要不断努力才能为客户创造更多附加价值。

面对管理经验、人生阅历比自己丰富的客户经营管理层，如果提不出具有高附加价值的解决方案，是绝对不行的。所以，我们每个人的工作要求都极高。

无论是脑力、体力，还是精神层面，都需要非比寻常的坚韧。这也是管理咨询行业被称为"智力、体力密集型行业"的缘由。

所以，说真心话，我从来没有觉得这个工作是快乐的。

虽然，工作的价值极高、意义重大，可以接触到各种各样不同的行业、不同的公司、不同的课题，工作充满乐趣。但是，乐趣毕竟不是快乐，乐趣也不是幸福。

我35岁前刚做管理咨询顾问的时候，某一天要面向客户公司的社长做最终汇报。汇报前夜，我一夜未眠。我不断重复地自问自答："自己的分析正确吗？""这样提案合适吗？"

强烈的压力和高度的紧张、不安，甚至让我感到胃部隐隐作痛。

现在回过头去想，那应该是在极限压力下身体本能的反应。

改变我一生的际遇

既然咨询服务工作压力如此之大，为何我还能坚持30多年？

现在看来，我选择坚持的原因，在于我和两位伟大的行业大咖之间的际遇。正是因为与他们的相遇，让我树立了工作的终极目标，这个目标激励着我不断向前。

两位伟大的行业大咖是我在BCG时给予我很多支持和关照的堀纮一先生和罗兰·贝格先生。

堀纮一先生是一位将咨询服务工作做到极致的杰出人物。非常幸运，在我刚刚成为管理咨询顾问的时候，就曾与堀纮一先生一起完成了好几个项目。那时，我得以亲眼所见真正的咨询服务是什么，也得以亲身体会到真正的专业是什么。

所以，在我从事管理咨询行业的30多年间，我一直以堀纮一先生为奋斗目标，30多年间不断精进、不断磨炼自己的专业技能，只为距离堀纮一先生的专业水平稍微近一点。

罗兰·贝格先生不仅是管理咨询行业的杰出人物，还是一位伟大的创业家。怀着创立欧洲第一家管理咨询公司的梦想，1967年，罗兰·贝格先生在德国慕尼黑一手创建了自己的公司，那时他不过29岁。

历经50多年后，罗兰·贝格国际管理咨询公司已经发展成为在全世界36个国家拥有51个子公司的全球性咨询服务公司。

罗兰·贝格先生的成功，向世人证明了"即便是看似纸上谈兵"的咨询师，也能建立和经营纵横全世界的跨国公司。

我被罗兰·贝格先生的创业精神所感动，作为罗兰·贝格国际管理咨询公司在日本的法人代表，我曾为东京公司的建立和发展四处奔走，不遗余力。这次宝贵的经历，提升了我对公司经营管理的洞察能力，也为我作为管理咨询师的人生经验增添了浓墨重彩的一笔。

如果没有与这两位行业大咖之间的人生际遇，可能在这中途，我早已选择了另外一条不一样的道路。

与两位的相遇，让我知道了作为管理咨询师的人生能达到的高度，这也是我这30多年来能坚守如此高难度、高强度工作的原因。

"催化剂"加速化学反应，促进业务变革
——再也没有比执着于错误的判断更不合理的事情了

管理咨询师为什么会被人认为"奇怪"呢？

其中一个理由应该是，别人看不见咨询服务的附加价值，不理解咨询服务的真正意义。

在人们眼中，咨询服务不过就是为客户提供堆积如山的分析报告和把客户绕得云里雾里的各种逻辑论证，制作看起来美观精致的大量幻灯片。但是，类似这样对咨询服务的印象并不准确，这些工作其实并不是我们工作的本质。

如果用一个词语来形容咨询服务的本质，我希望用"催化剂"这个词。

我们深入客户内部但又不会被客户同化，深入其中的我们会引起一系列"化学变化"，加速客户"脱胎换骨"地转变，帮助客户实现最终的变革。这才是我们的工作。

例如，客户z，因为有催化剂y的加入，最后成功变身为更加

优秀的Z。这里的催化剂，就是我们的工作使命。

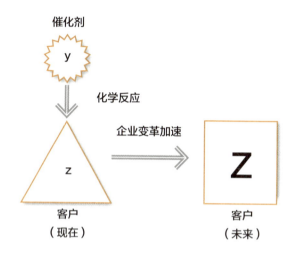

当然，可能很多人会认为既然是公司内部的变革，不应该依赖于外部人士的指点，而应该只由公司自己的人员来主导变革。实际上，有很多公司也是这么做的。

但是，如果仅依赖公司内部的人员推进变革，其实是存在风险的。因为公司内部人员很容易陷入公司的内在逻辑和内部固定思维模式，缺乏必要的客观性、合理性，还容易对社会环境的变化判断失误，最终围绕在公司内部的讨论无休无止，完全造成时间上的浪费。

再也没有比执着于错误的判断更不合理的事情了。

但是，现实中却真的有很多公司，深信自己的判断是合理的，并相信自己一直走在正确的路上。

此时便是我们管理咨询师登场的时候。

我们可以以独立客观的立场为企业的变革提供帮助，并推动变革顺利进行。加入"催化剂"，可以确保公司内部人员获得真正合理的判断，引导公司变革并朝着正确的方向快速前进。

"外部人士"的立场才是最强大的力量源泉
——在欧美国家，使用咨询服务是常识

毫无疑问，在现在的日本，以大型企业为中心，各企业也逐渐开始认识到咨询服务的重要性了。

虽然如此，但与欧美国家相比，日本的管理咨询行业的市场规模还非常小。美国的管理咨询行业规模是日本的10倍以上。

在罗兰·贝格国际管理咨询公司的发源地——德国，公司变革时引入外部专业的咨询服务是一种普遍性常识，是理所当然的事情。甚至，大家都认为如果没有外部人士在独立客观立场下的帮助，企业的变革不可能合理、顺畅地推进。因为，享受着过往荣耀的人很难否定自己。

而管理咨询师正好就是完全独立的"外部人士"。

没有公司内部逻辑和思维定式的侵扰，也没有任何条条框框的限制和各种附加条件，作为独立的"外部人士"，管理咨询师更敢于直接指出公司内部存在的课题和问题。而这些问

题可能恰恰是公司内部人员想说却说不出口或者不敢说出来的问题。所以，外部人士的身份正是我们咨询服务从业者的优势。

加速积极变革的"催化剂"
——微小不起眼但却起着决定性作用

丰田汽车公司的丰田章男社长曾用"没有海图的战争"来形容日本企业目前所面临的境况。日本企业必须要在一个没有过去的不连续的环境中，重新描绘新的成长蓝图，并想办法实现它。

如今，数字化转型（英文全称为Digital Transformation，简称DX）一词广为流行，其内在含义是"利用数据化、信息化的契机推动公司发展和变革"。我一直主张"DX"这一缩写词还应表达另外一层意思，那就是"动态变革"（Dynamic Transformation）。

因为数字化（Digital）所诠释的仅是"工具"。只有以数字化为武器，大胆、积极地动态推动企业转型，日本企业才有未来。

但是，几乎所有的日本企业都没有突破表面的、部分的、短期的、投机性的表层变革，所以还不能称为动态变革。

大胆导入面向未来的新业务，伴随着大范围权限转移的企业机构改革，全新的业务流程设计与构筑、面向未来的人才规划战略等趋势。彻底否定过去，立足未来，大刀阔斧地彻底变革，唯有如此，日本企业才能重获新生并抓住新的机遇。

面对如此恢宏的变革局面以及如此重大的决定时刻，仅依靠思维方式已然同质化的企业内部人员，即便是反复讨论、思索，也是无法找到有效突破口的。如此枉费精力，最终企业也只能眼睁睁地看着转型的机会从眼前溜走，甚至把自己推入失败的旋涡。

现在，企业所需要的，正是具备独立性、中立性和客观性的"外部人士"视角和创新思维。作为加速日本企业积极变革的"催化剂"，"外部人士"应该更加灵活地发挥作用。

但现状却是，管理咨询师很难获得正面的评价。越是发挥重要作用的角色，其价值从外部越是难以发现。

而且，一旦出现变化或者变革成功，"催化剂"的使命也就完成了。"催化剂"就是这样一个不起眼又略带哀伤的存在。

所以，追求振奋人心的情绪爆发感和真实可触的成就感的人，确实不适合做类似"催化剂"的工作。

但是，没有"催化剂"的存在，就不可能有化学反应的产生，变革就没办法加速。这也是事实。

虽然管理咨询师微小、不起眼，但必要的时候却做着决定性的工作，发挥着关键作用。这才是一流的"催化剂"。

如何成为一流的管理咨询师
——智商（IQ）×情商（EQ）×专业意识

那么，怎样才能成为一流的管理咨询师呢？我将以我个人30多年来的工作经验对此进行解说。这也是我写本书的目的。

先从结论来看，要想成为一流的管理咨询师，下述三大因素缺一不可。

智商（IQ）×情商（EQ）×专业意识

用夸张的话讲，可以说咨询服务是以智慧决定胜负的职业。作为"催化剂"，管理咨询师在坚持不懈地帮助客户实现企业变革的同时，也在不断追求自身非凡的智慧进步。

这里所说的智慧，不仅是指我们常说的智商（Intelligence Quotient，简称IQ），也指与智商同等重要的情感智慧，即情商（Emotional Intelligence Quotient，简称EQ）。

一流的管理咨询师，不仅需要逻辑清楚、思路清晰地对事实和逻辑加以论述，还需要具备能够打开客户心扉，契合客户心理潜在诉求的能力。没有情商的辅助，管理咨询师的工作就无法完成。

咨询服务工作一般会被认为是智力驱动型职业。分析能力、逻辑思考能力、洞察能力、场景还原能力等，这些都依赖于大脑的快速运转。这些能力都是以左脑主导的逻辑智商取胜。

目前，市面上有很多关于管理咨询服务行业的书籍。不管是在职的管理咨询师，还是已退休或已转行的管理咨询师，他们执笔写作的书籍中，有很多关于管理咨询师的思维方式、分析能力、分析技巧等方面的内容。

这类书籍可能在智力技巧提升方面为你提供帮助。但是，从现实的情况看，就算你用尽全力展现了几乎完美的逻辑论述，如果客户不认可或者不接受，"催化剂"的作用也难以奏效。

如果对客户的情绪、心理变化不敏感，就很难捕捉到客户的真实想法和潜在需求，那么跟客户谈企业变革无异于"天方夜谭"。

智商和情商的基础是自己的专业意识

近年来，特别是大型企业，都在员工培训和人才培养方面下功夫，日本企业中获得MBA学位的员工也在不断增长。学习管理咨询师的思考方法和技能的商务人士也很多。

仅依靠逻辑思维和分析能力就能给客户带来附加价值的时代已经结束了。

我强烈感觉到，必须从根本上重新审视"管理咨询师的附加价值到底是什么"的时代已经来临。

管理咨询师不是学者，不是研究人员，也不是评论家。

不管你展现了多么合理的逻辑，如果没有说到客户心坎上，没有说服客户付诸行动，管理咨询师的工作也是失败的。

如果不充分发挥智商和情商的双重作用，管理咨询师的作用就没办法充分发挥。

而支撑智商和情商发挥作用的基础是管理咨询师的专业意识。管理咨询师是变革的专家，不管遇到多么困难的处境，引导客户走向成功，给出客户想要的结果，才是我们工作的使命。

作为专业人士的自我觉悟与专业意识，以及作为专业人士的尊严，才是促使我们做好这份工作的决定性因素，也是我们作为"管理咨询师"的荣誉。

智商（IQ）、情商（EQ）、专业意识三大因素合体，才能诞生一流的管理咨询师。这是我从业30多年来所得出的结论。

关于管理咨询行业的书籍，几乎都是针对思维方式和能力技巧等与智商相关的主题进行论述和说明。但是，这无法全面诠释管理咨询工作的本质。

本书中，我将站在宏观视角，从管理咨询行业的历史和我自己从业30多年的人生经历开始，为读者们呈现管理咨询行业发展的全貌，并以此逐步深入剖析要成功做好管理咨询工作所需要具备的基本条件。

这也是我当初写本书的目的。

本书既是"行业类书籍"也是"专业类书籍"
——日本商务领域也迎来专业时代

本书一共分为两个部分。首先，向大家展示本书的基本框架。

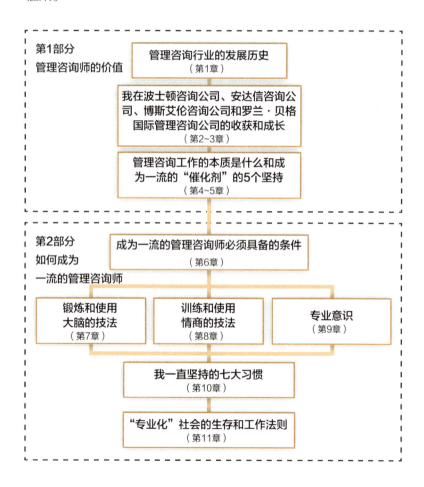

第一部分，首先重新审视管理咨询师的价值是什么。

基于此，第一部分的主要内容是围绕管理咨询师的职业发展历程来说明的，包括追溯管理咨询行业130年的发展历史，以及我自身在管理咨询行业的30多年从业经历。

在此基础之上，我继续探究管理咨询行业的本质。

我会谈到什么是"催化剂"，以及从事相关工作的人到底在执着地追求着什么。

第二部分，我将结合具体案例对如何成为一流的管理咨询师进行说明。

针对"智商（IQ）×情商（EQ）×专业意识"这一成功方程式进行解说的同时，我会进一步针对"如何提升""如何运用"进行尽可能详尽的说明。

管理咨询从业人员对任何客户的信息都有保密的义务和责任，所以本书中关于我曾负责的具体案例，我将不会列举客户的具体名称。

但是，如果介绍案例缺乏最具体的信息，其真实感和实战效果难免大打折扣，所以，我会在客户允许范围内尽可能地将案例说明得详细和具体。

最后，我将为大家介绍作为管理咨询师应该具备的七大良好习惯，以及我本人关于未来社会的职业发展的一些思考和想法。

我个人认为，日本的商务领域，毫无疑问地已经迎来了专业化的时代。

如此一来，"智商（IQ）×情商（EQ）×专业意识"这一成功方程式就不再局限于管理咨询行业了。

如果想在商务领域取得成功，商务人士必须以"专业"为目标进行努力。可以说本书是我以本人的亲身经历为基础写的一部关于管理咨询行业的书籍。同时，书中也有很多专业论述。所以，对管理咨询行业感兴趣的读者可以阅读本书。如果已经成为专业人士的读者们也喜爱本书，我将深感荣幸。

目录

▶ 第 1 部分
管理咨询师的
价值

▶ 第2部分

如何成为
一流的管理咨询师

▶ 第1部分

管理咨询师的价值

管理咨询行业的
发展历史

第1章

第1节 | 世界知名管理咨询公司

▶ 理特管理咨询公司

　　管理咨询到底是什么？为了解答这个问题，我对管理咨询行业的职业起源和发展历程进行了梳理，这对读者了解管理咨询行业的发展历史有着极其重要的意义。

　　我会参考麦肯锡前管理咨询师并木裕太曾发表过的著作的部分内容并结合我自己的从业经历，对管理咨询进行介绍。

　　如同很多新兴行业一样，管理咨询行业也起源于美国。

　　现在，提起世界级管理咨询公司，大家都会想到麦肯锡公司和波士顿咨询公司（BCG），但实际上这两家公司并不是管理咨询行业的先驱。

　　被公认的世界上最早的管理咨询公司是理特管理咨询公司（Arthur D. Little，以下简称ADL）。

　　ADL成立于1886年，距今已有130多年的历史。麻省理工学院的研究员、醋酸纤维素的发现者利特尔博士与化学家罗杰·格里芬合作创办了Griffin&Little公司，公司办公室设在麻省理工学院的校园内。

　　后来，罗杰·格里芬在一次实验室爆炸事故中去世，公司于1909年正式更名为Arthur D. Little。当时ADL的主要业务是技术开发和研究等。就算是现在，ADL给人的印象仍然是以技术为核心的咨询服务和知识产权管理公司。

博斯艾伦咨询公司[①]

与ADL齐名的早期管理咨询公司是博斯艾伦咨询公司（Booz&Company）。

1914年，在美国西北大学（Northwestern University）攻读经济学和心理学的26岁的爱德温·博斯创立了一家管理咨询公司。

1930年，詹姆斯·艾伦和卡尔·汉密尔顿加入其中。1943年，公司选取三个人名字中的单词组成了博斯艾伦汉密尔顿咨询控股公司（简称博斯艾伦咨询公司，Booz Allen Hamilton，以下简称BAH）。

BAH在对政府机构和公共领域的咨询服务中，有着压倒性的优势。特别是，通过与美国国防部的深入合作，参与和影响着美国国家政策的制定。

2008年，BAH成为美国政府指定的咨询服务公司。此后，BAH面向民间的咨询服务部门被独立出来，成为博斯公司。

2014年，博斯公司与普华永道（简称PwC）合并，正式更名为思略特管理咨询公司（Strategy&）。

---

① 现为普华永道思略特管理咨询公司。——译者注

我就任BAH合伙人的时候，曾在靠近美国华盛顿特区的弗吉尼亚州麦克莱恩市的BAH总部参加过就职培训。

培训的内容我已经忘记了，但是作为老前辈的合伙人们一个接一个登场，慷慨激昂地介绍BAH的场面，至今还留在我的脑海中。

在我曾就职的BCG和AC，相比公司的历史和传统，这两家公司更加注重公司的未来和自由的氛围。而BAH的合伙人们像保护老字号一样珍重企业的传统和辉煌历史，我惊奇于同样是美国的管理咨询公司，但公司氛围和公司文化竟然如此不同。

麦肯锡公司和贝恩公司

提起世界知名的管理咨询公司，人们首先想到的肯定是麦肯锡公司。麦肯锡公司成立于1926年，由詹姆斯·麦肯锡创立。成立之初，公司名为Accounts And Management Engineering Firm（以下简称A&M E Firm），1939年更名为McKinsey&Company（麦肯锡公司）。

1929年，安德鲁·科尔尼作为第一合伙人加入A&M E Firm。但1939年，安德鲁·科尔尼独立出来，1946年成立了科尔尼管理顾问公司（A. T. Kearney&Co.）。

与麦肯锡公司齐名的BCG成立于1963年，比其他管理咨询公司成立时间要晚。其创始人布鲁斯·亨德森曾就职于ADL公司，后来辞职，在波士顿创立了BCG。

我入职BCG时，布鲁斯·亨德森已从一线隐退，但公司上下仍然对这位伟大的创始人极其敬仰和尊重。

布鲁斯·亨德森创立BCG之后的第三年，也就是1966年，他便在日本东京成立了公司。而麦肯锡公司在日本东京成立公司是在1971年，可见布鲁斯·亨德森具有何等远见。

当时担任东京公司负责人的是詹姆斯·阿贝格林。他将"终身雇用制""年功序列制""企业工会"等日本独特的经营管理方式称为"日本式经营"。

1973年，从BCG辞职的比尔·贝恩创立了贝恩公司（Bain&Company）。贝恩公司推出"一个行业只服务一家客户"的理念，开始了自己独特的经营之路。

世界主要的管理咨询公司

我还在BCG工作的时候，人们把4家全球知名的管理咨询公司称作M+3B。M指麦肯锡公司，3B分别指BAH、BCG和贝恩公司。

通过梳理美国系管理咨询公司的创立发展历程，我们可以发现以ADL为原点，新的公司一家接着一家派生并发展起来（图1-1）。

在管理咨询行业，你也可以强烈感受到根植于美国的积极大胆的创业家精神。

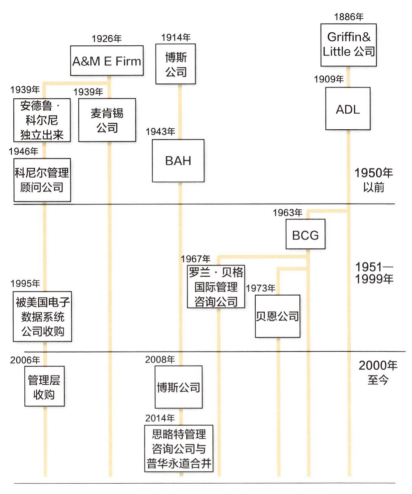

图1-1　世界主要管理咨询公司的发展与变迁

知识点
管理咨询公司在美国诞生的背景

20世纪20年代，多家管理咨询公司陆续在美国创立，这一事件有其特殊的历史背景。

首先，当时美国陆续出现多家大型企业。以原油业务起家，最终垄断石油市场的约翰·D. 洛克菲勒重振了钢铁产业并取得巨大成功。被称为"钢铁大王"的安德鲁·卡内基及一大批卓越的企业家们陆续登场，美国逐渐进入大型企业盛行的时代。

这些大型企业经常发生并购重组等运作，其经营难度高、挑战大，对于管理的要求也越来越高。

为顺应企业发展的需求，一时间，有关经营管理和商业管理的教育课程和相关培训在美国开始普及。

1921年，美国哈佛大学开设了为期两年的MBA课程。此后，美国其他大学陆续开设商业课程，有的大学甚至专门设立了商学院，致力于经营管理人才的培养。

在企业需求和社会潮流的双重推动下，企业管理咨询服务这一新兴产业应运而生。

1929年经济危机爆发后，美国出台新的联邦证券法令，规定会计师事务所、银行、律师事务所等不得开展管理咨询业务。这一举动，可以说为管理咨询公司的发展送来了一阵东风。

相比容易陷入利益冲突且中立性经常被质疑的银行业和会计业，管理咨询公司可以充分确保其中立性。于是，管理咨询公司逐渐取代银行和会计师事务所，成为诸多大型企业的管理咨询服务商。

罗兰·贝格国际管理咨询公司

相比其他国家和地区，美国系管理咨询公司数量众多。但有一家起源于欧洲的管理咨询公司在同行中大放异彩，它就是德国的罗兰·贝格国际管理咨询公司。

罗兰·贝格国际管理咨询公司创立于1967年，其创始人罗兰·贝格原本在BCG担任管理咨询师，当时的BCG还处在初创期。之后，29岁的罗兰·贝格返回家乡德国慕尼黑，独自一人创立了罗兰·贝格国际管理咨询公司。

罗兰·贝格国际管理咨询公司的特点是，不仅运用美国资本运作理论，还在管理咨询服务中导入了"重视持续发展和长期繁荣、兼顾大股东和员工及其他小股东的利益"的具有欧洲特色的经营方式。

罗兰·贝格以一己之力创立的全新公司不仅在德国发展壮大，其业务还扩展到了整个欧洲。之后公司加速扩张，陆续进军中南美、亚洲市场，1991年进入日本市场。目前，罗兰·贝格管理咨询公司已经是世界屈指可数的大型管理咨询公司。

罗兰·贝格本人也是声名鹊起，不仅在德国，甚至在欧洲商务圈内他都是极具影响力的杰出人物之一。

德国前总理格哈德·施罗德在任期间，曾邀请罗兰·贝格出任德国经济部部长。对公司的全球化发展抱有极大热情的罗兰·贝格先生婉拒了邀请，但连续7年担任格哈德·施罗德的顾问。

2000年，我进入罗兰·贝格国际管理咨询公司，担任日本公司的社长。在公司经营管理期间，我真切地感受到公司"尊重不同国家的历史和文化差异，给予各地区分支机构充分的经营自主权，以共同成长为目标"的欧洲特色经营方式。

知识点

管理咨询公司多以创始人命名的原因

非常有意思的是，管理咨询公司多以创始人命名。成立最早的ADL，之后的BAH、麦肯锡公司、贝恩公司等，几乎都是以公司创始人的名字作为公司的名字。罗兰·贝格国际管理咨询公司也是如此，而且还是以创始人的全名作为公司的名字。究其原因，这还是由管理咨询行业的职业特点所致。从根本上来说，管理咨询服务是由个人尤其是由名副其实的专家所提供的服务。不过，BCG的公司命名是个例外。

麦肯锡公司创始人去世后，成为麦肯锡公司掌舵人并构建了麦肯锡公司新的发展基础的马文·鲍尔曾说："麦肯锡不是一家综合性公司，而是一家专业公司。"

这句话充分说明了管理咨询服务的本质。

当然，在现在，仅依靠个人的力量是没办法提供品质卓越的管理咨询服务的。

全球化经营的客户，其经营管理高度集中，管理事务极度复杂。要为这样的客户提供高品质的管理咨询服务，就必须由优秀的管理咨询专家，通过组建强大的团队，并利用公司的全球化服务网络，为高难度课题提供有效的解决方案才行。

> 但是，如果回到管理咨询服务的原点，你就会发现其实还是要以优秀的个人为核心。就算管理咨询公司不断发展壮大，甚至走向世界，但如果没有一个又一个杰出的咨询专家，其实质的工作还是没办法开展。

第2节　会计师事务所型和信息技术型咨询服务公司的崛起

● 安达信会计师事务所的崛起

可以提供管理咨询服务的主体，不仅有管理咨询公司，还有其他机构。会计师事务所便是其中的代表。

第二次世界大战结束后，以安达信会计师事务所、安永会计师事务所为首的八大会计师事务所，在自己的主业——审计业务以外，开始创设咨询服务业务。

起初，会计师事务所的咨询服务不是针对企业经营管理课题，而是关于税务、法务的咨询服务，后来业务领域逐渐扩大。

随着工资计算和会计业务的系统化推进，会计师事务所在信息技术领域的参与非常积极，甚至可以和IBM等在信息技术咨询方面极具优势的大型企业进行竞争。其中，对咨询服务部门的强化最为上心的要数安达信会计师事务所。

1989年，安达信咨询公司（以下简称AC）从安达信会计师事务所分离出来。此后，安达信会计师事务所正式拆分为主营会计审计业务的安达信公司（AA）和主营咨询业务的安达信咨询公司（AC），从此咨询和审计业务分离。

我在1992年安达信会计师事务所的业务分离后，进入AC工作。

AC虽然在信息系统领域拥有极大的优势，但它试图构建区别于传统的精品类管理咨询服务的全新商业模式，为客户提供包括战略制定、业务改革、组织发展、人才培养等全部业务在内的"业务整合"（BI）型管理咨询服务。

精品类管理咨询服务是指针对企业经营管理层直接参与的企业改革和业务变革提供的管理咨询服务。例如，麦肯锡公司、BCG、罗兰·贝格国际管理咨询公司等提供的管理咨询服务。

与此相对，AC扩展了自己的咨询服务领域，希望建立类似于"百货商场"的综合性大型管理咨询公司。

2001年，AC正式更名为埃森哲公司。

当初，AC从安达信会计师事务所分离出来时，双方协定安达信会计师事务所负责审计业务，不涉足管理咨询服务。但后来安达信会计师事务所也建立了自己的管理咨询部门。AC对此表示不满，这也就成了AC更名为埃森哲公司的直接原因。

对安达信会计师事务所来说，管理咨询业务的市场魅力已经大到就算打破当初和AC的协定也要涉足的地步。

之后，安达信会计师事务所因为安然事件[1]宣告破产。

而更名后的埃森哲公司却成功上市，并成长为以信息技术服务业务为核心的大型公司。

信息技术咨询业务扩大的契机

进入20世纪90年代，关于运用信息技术的业务改革类咨询服务快速扩张。其契机是业务流程重组（Business Process Reengineering，以下简称BPR）管理思想的流行。

BPR的具体内容是，通过对现有业务流程进行根本性的再思考和再设计，建立最优化的整合型业务流程架构和组织体系，以改变因业务流程分割而导致的生产效率和生产力低下。

BPR的概念是由麻省理工学院教授迈克尔·哈默和管理咨询专家詹姆斯·钱皮提出的，1993年阐述其内容的书籍《企业再造》在美国一经出版[2]，BPR的理念便迅速扩展到了全世界。

而对BPR来说，信息技术的运用不可或缺。

以此为契机，埃森哲公司、IBM公司等在信息技术咨询服务方面尤为擅长的企业，借着市场的东风取得了飞跃式的发展。

---

[1] 2001年发生在美国的安然（Enron）公司破产案。2002年，作为安然公司的审计，安达信会计师事务所被美国法院认定犯有阻碍政府调查安然破产案罪行。

[2] 2007年在中国出版。

在我加入AC不久后，BPR的潮流席卷日本。大型企业先后引进BPR，以此为契机，在信息技术领域拥有极强优势的AC在日本取得了快速发展。

顺应潮流的变化，各大管理咨询公司开始采取新的商业行动，麦肯锡公司开始强化信息技术领域的业务。1995年美国电子数据系统公司[①]（Electronic Data Systems，简称EDS）收购了科尔尼管理顾问公司。

在数字化转型成为趋势的今天，信息技术及系统领域的专业性对管理咨询公司来说也是必须具备的基本技能。

会计师事务所开启对小型管理咨询公司的收购之路

从安达信会计师事务所分离出来的AC（现为埃森哲公司）大力发展的同时，其他会计师事务所却在安然事件后选择远离管理咨询服务领域。因为在大众心中，以独立公正的审计业务为核心的会计师事务所，参与企业战略制定、经营根本性改革等管理咨询服务，存在许多不合适的地方。

但是，2008年雷曼危机后，会计师事务所再次进行管理咨询业务的强化。

历经不断变化重组而最终形成的四大会计师事务所安永会计

[①] 现已被惠普公司收购。

师事务所、德勤会计师事务所、毕马威会计师事务所、普华永道会计师事务所，利用其雄厚的资金实力，通过收购一些小型管理咨询公司，踏上了大举进军管理咨询行业的拓展之路。

2012年，安永会计师事务所收购9家小型管理咨询公司，德勤会计师事务所收购17家小型管理咨询公司，毕马威会计师事务所收购10家小型管理咨询公司，普华永道会计师事务所收购7家小型管理咨询公司，可以说是一场大型吞并活动。

它们收购的对象中，不乏知名管理咨询公司。例如，1983年由哈佛大学商学院多位教授发起成立的摩立特集团（Monitor Group），于2012年申请破产保护，随后被德勤会计师事务所收购。

由早期的管理咨询公司BAH派生并发展起来的博斯艾伦咨询公司，于2014年与普华永道合并，并改名为普华永道思略特管理咨询公司。

有一种论调认为，为应对咨询服务多样化、经营管理全球化的市场需求，要想在管理咨询领域生存下去，各大管理咨询公司必须得重视在规模上的扩展。

在大型巨头诞生的同时，像麦肯锡公司、BCG、贝恩公司，以及罗兰·贝格国际管理咨询公司等专注于精品类管理咨询服务的专业型公司也不断巩固自己在市场上的坚固地位。

我在波士顿咨询公司、安达信咨询公司、博斯艾伦咨询公司的收获和成长

◄ 第2章

第1节 | 在波士顿咨询公司结识"真正的咨询师"

我是如何成为管理咨询师的

在第1章中，我为大家介绍了管理咨询行业约130年的历史和发展历程。在本章和下一章中，我将针对自己对行业的看法，以及自己在选择职业时的所思所想进行介绍。

通过梳理我自己的想法和经历，你可以从中窥见管理咨询工作的价值和其作用的变化。

首先，在本章中，我将介绍我在BCG、AC、BAH这三家公司度过的10年。

1988年我进入BCG，正式开始了作为管理咨询师的职业生涯。而契机却是因为一本书。

我曾被公司派遣到美国的商学院进行学习。留学结束，回到公司后，我却过着闷闷不乐的日子。

当时，我负责的是公司的海外业务，但是对于那时的日本企业，没有什么比日本市场更重要的了，海外市场不过是公司一个额外的业务罢了。我对公司在海外的业务、工厂及软弱的上司们颇有不满。

但当时的我不过是一个30岁出头的年轻人。

在迷茫的日子里，我遇到了堀纮一所著的《改变日本人，振兴公司》（意译，原书名为「変われ日本人 甦れ企業」，讲谈社出版），我如饥似渴地阅读起来。

一直困扰着我的关于日本企业的课题和解决办法，在书中有清晰的说明和分析。

"对于我这样的毛头小子，就算一直待在公司，也什么都干不了。但是如果我成为一名管理咨询师，没准儿可以从外部入手，帮助日本企业做一些改变。"

基于这样的想法，我对管理咨询工作产生了极大的兴趣。

但是，当时自己要转行做管理咨询的想法并没有表露出来。因为原公司对我照顾颇多，很多前辈和同事都给予了我很大的支持和帮助，我还没能回报他们，更不能在这个时候辞职而去。

而且，当时能进入BCG工作的人，真的是凤毛麟角。我压根不敢想自己能有机会进入这个公司。

就在那时，一个朋友告诉我BCG正在招聘，在朋友的鼓励下，我抱着试一试的态度去参加了面试。没想到面试进展顺利，与招聘人员谈话很投机，最后我竟然拿到了BCG的聘用书。

在绝好的时机进入波士顿咨询公司

现在回想起来，我真是在一个绝好的时机进入BCG。

1987年，我去BCG面试。而就在1986年，BCG的10名管理咨询师集体辞职，创立了一家名叫Cooperate Direction的新公司。

在此背景下，BCG决定进行社会招聘，及时补充团队人员。

写到这里，与我同期进入公司的各位同事的形象一下子浮现在了眼前。他们基本都毕业于东京大学理工科专业，并在一流知名企业担任过核心工程师，并且还有斯坦福大学和哈佛大学的留学经验。

虽然毕业于私立大学，并有商学院的学习经验，但毕竟并非毕业于全球知名大学的我，就算得不到面试机会，也没什么奇怪的。

后来我才知道，当时作为面试主考官的井上猛非常热情地推荐了我。

在清一色东京大学毕业的优秀工程师中，也需要有我这样一位具备一定销售和市场经验的人存在。这是井上猛当时极力推荐我的理由。

因为各种各样的机缘巧合，我开始了管理咨询的职业生涯。

那时我32岁。

管理咨询公司的生存规则

在BCG，我参与了各种各样的管理咨询项目。

但是，最初我接到的全是外资金融机构、食品企业等委托的小项目。

　　像我一样通过社会招聘进入公司的管理咨询师，当然都希望能参加到日本企业的管理变革项目中，以日本大型企业为对象，提升自己的管理咨询技术，发挥自己的力量。

　　我当然也是这么认为的。但是，井上猛告诉我们，不管什么项目都要做。

　　作为新晋管理咨询师，其实任何咨询项目都是学习的机会。

　　外资客户特别重视逻辑性，所以，关于背景的梳理、资料的收集、分析的技能必不可少。对我来说，这些项目是提升自己的基础能力和专业水平的好机会。

　　有一个项目，让我印象特别深刻，至今记忆犹新。

　　这个项目是关于某外资企业进军日本市场的探讨。

　　日本市场结构复杂、包容性较差，企业之间抱团性强，这些都是外资企业进军日本市场的障碍。

　　我以此为理由判断该客户进入日本市场较为困难，并将此结论对公司的美籍合伙人进行了汇报，但美籍合伙人完全无法理解我所说的内容。

　　他的意见是："如果你的结论是公司进入日本市场比较困难，那么请你给出证明。你只说因为日本企业重视长久的公司间合作，所以外资新公司没有任何参与的机会，是无法让人信服的。"

　　对日本客户来说，你只需要告诉对方日本人的商务习惯、人际关系存在较大差异就足够了。

但是，对不了解日本社会和文化的人来说，你要说服他，就必须用大量的事实，通过严密的逻辑推理来论证自己意见的合理性。由此，我领悟到，这就是管理咨询工作的关键所在。

对我来说，"证明"成了我一生都无法忘记的词语。

在当时的BCG，一个咨询师同时负责两个项目的情况非常普遍。

现在回过头想，其实管理咨询的工作负荷很大，但是在当时是理所当然的事情。虽然工作负荷很大，但积累经验的速度和成长的速度也是飞快的。

当时BCG的管理咨询师们经常挂在嘴边的一个词就是"一胜一平"。

"一胜"指的是通过项目获得了附加价值。"一平"指的是虽然项目没有明确的附加价值，但是项目顺利完成了。

当然，作为管理咨询师，最理想的结果是"两胜"。但这不是容易的事情。

所以，管理咨询师们会选择在自己擅长的领域和擅长的项目上确保"一胜"，在另外一个项目上确保"一平"。这是管理咨询师们得以生存下来的铁律。

管理咨询行业被认为是"要么晋升，要么淘汰"的残酷世界。

也就是说，要想在公司生存下去，你只能拿出成果，早日晋升。否则，你就得离开公司。

对于社会招聘进入公司的管理咨询师们，公司给予的考核期为两年。在这两年时间里，管理咨询师要拿出成绩，晋升为项目经理。如果不能晋升，意味着作为管理咨询师是不合格的，将会被打上失败的"烙印"。

所以，咨询项目如果失败，结果将是"致命"的。

即便是看着要失败的项目，无论如何也要想办法把项目拉回"一平"状态。所以，管理咨询师们都拼了命地努力。

进入BCG后的两年时间是我一生中工作最繁忙的时候。每天晚上，我乘坐最后一班电车回家，周末也会在家里工作或者到公司加班。当项目进入最重要的阶段时，我会选择在公司附近找一家便宜的商务宾馆住一晚。

两年后，我成功晋升为项目经理。

我一生中经历了很多晋升的时刻，但这一次晋升让我感到无比兴奋和激动。

与我同期进入BCG的来自社会招聘的员工中，有很多人两年后未能晋升而离开公司。这也证明了，我选择转型进入管理咨询行业的决定是正确的。说实话，那时的我真的非常开心。

与"真正的管理咨询师"相遇

晋升为项目经理后，我负责的日本大型企业项目增多。我也得以参与时任BCG日本代表的堀纮一所负责的几个项目。

作为管理咨询师的堀纮一，可以说是"真正的大人物"。

当时约40岁的堀纮一，在面对比自己年长10多岁的日本大型企业的经营管理层时，可以将问题的本质娓娓道来。说服力十足的理论和论述，大胆的预测，巧妙的话术，高超的沟通能力，无论哪个方面，堀纮一都处于一流水平。就算被客户拒绝和嫌弃，他也敢于直言，没有任何尴尬和不自然。所以，很多企业经营管理层都非常喜欢堀纮一，甚至很多人还是他的追随者。

虽然不能明确写出客户的名字，但是有这样一个客户，当时只是中型企业的管理者，接受了堀纮一带领的BCG团队的建议后，现在已经发展为年营业额接近1兆亿日元的高收益企业。该客户公司的社长对堀纮一特别信任。

所以，外部人士也可以改变企业，也正因为是外部人士，才能为企业的变革提供帮助。

管理咨询师的工作到底是什么？真正的管理咨询师应该是什么样子的？非常幸运的是，我得以亲眼见到堀纮一，并且与他共事。

但是，我也清楚地知道，以自己的实力，要想达到堀纮一的水平，是非常困难的。我感受到了不可企及的差距。

不过我也有我自己的执着。

后来，我离开了BCG，离开了那么多给予过我支持和照顾的同事们。因为我想既然自己选择了这个行业，那么无论如何也要想办法距离行业的"极致"更近一些。

❥ 让首席执行官倍感惊艳的提案

　　我曾经参与的一个项目淋漓尽致地展现了堀纮一作为管理咨询师的魅力。

　　美国大型食品生产商A公司曾在日本取得了很好的发展，比起众多日本食品生产厂家，A公司甚至具备了压倒性的优势。但是，在日本食品生产厂家的大举反攻下，其市场份额大幅滑落。

　　为了扭转市场份额下滑的局面，A公司在美国总公司的帮助下开始重新审视其在日本市场的经营策略。

　　堀纮一担任这个项目的客户合伙人，我担任项目经理。

　　经过3个月的准备，我们完成了日本市场的竞争环境梳理及客户喜爱度变化分析，并准备前往客户公司进行提案。

　　最终的提案报告会在美国俄亥俄州的A公司总部进行。堀纮一和我一同前往。

　　面对A公司的首席执行官及一众管理人员，首先由我用蹩脚的英语对提案报告书的概要进行了说明。

　　然后，堀纮一正式登场。他就提案的讲解精彩绝伦。堀纮一的英语流畅程度自不用说，他讲解提案时的仪表、语调、神情状态等都非常有风范。

在堀纮一的指示下，我提前准备好了A公司的竞争对手投入市场的各种各样的新产品。堀纮一手拿竞争对手的新商品说道："在竞争对手已经陆续投入这么多新商品的情况下，你们不去调查日本市场的变化，不去探究日本消费者的购买偏好，而执着于自己销售多年的老商品的销量，还总抱怨商品卖不出去，照这么下去，你们终将退出日本市场。"

面对经营管理层的傲慢，堀纮一直言不讳地直击要害。对于堀纮一所展现的气势，我暗暗称奇。

静静聆听提案的A公司首席执行官，当场向堀纮一提了几个问题。然后做出了采纳BCG公司提案的决定。

当时，我亲身感受到了"真正的管理咨询师"的魅力，并彻底理解了作为"外部人士"的管理咨询师的价值所在。

好不容易闯过难关，进入管理咨询公司，只工作几年就认为自己已经完全了解这个行业，并已经积累了足够的经验，进而辞职离开的人有很多。

当然，离开也是一种选择。但是我知道，管理咨询行业绝不是如此容易理解透彻的行业。

正因为我亲身见识过"真正的管理咨询师"的高明所在，我才能在这个行业坚持了30多年。

第2节 在安达信咨询公司建立管理咨询团队

从战略至上到重视实操业务

担任项目经理后，我的工作变得越来越顺利，不断积累了很多成功的经验。基本不管什么项目，我都有足够的信心取得较好的成绩。

但与此同时，对现状的疑问也不断在我脑海里盘旋——这样的状态真的好吗？

当时的BCG，在中期经营计划的制订、业务策略的调整、新兴事业战略等战略制定方面具有压倒性的优势。

BCG所创立的"波士顿矩阵"（BCG Matrix），是极强的管理分析工具。

但是，策略制定并不是工作的结束。不管多么卓越的策略，终究要落实到业务的实际推进中。如果没有贯彻到实际业务中并产生成果，那么再优秀的策略也没有任何价值。

那时，整个管理咨询行业开始发生巨大的变化。

此前，对管理咨询行业来说，最重要的事情是能"提供独一无二的想法"。

但是，再新颖的创意，再独特的战略，如果客户实施到实际业务中不能得到满意的结果，也是没有任何意义的。

越来越多的人认为，管理咨询师的价值在于让美好的创意和卓越的战略得以实现，即"让它发生"（make it happen）。

当然，管理咨询师并不是业务推进的当事人，当事人终究是客户自己。但是，将制定的战略落实为具体可执行的战术，以及构筑重要的体制以确保业务变革的执行等，越来越多的公司开始重视能支持业务推进的体系。

不管多么独一无二的战略，如果客户无法执行，就无异于"空中楼阁"，战略本身也将停留在"想象"阶段而"不得善终"。为了不让策略只停留在"想象"阶段，客户越来越重视战略的可行性。

在这样的市场变化和新的需求潮流中，仅专注于公司战略和市场策略层面的BCG的发展局限性越来越大。

我是如何成为安达信咨询公司合伙人的

就在那时，一个做猎头工作的朋友向我发来邀约。

当时AC（现为埃森哲公司）正在招聘核心员工，以组建在日本的战略团队。

AC虽然在信息技术业务领域极具优势，但它不断扩展自己的业务范围，公司以提供包括战略制定、业务流程改善、组织机构变革、人才培养等整合型管理咨询服务（BI）为自己的发展目标。

所以，AC日本公司打算建立战略团队以支持战略咨询业务。当时，该公司正在从其他管理咨询公司寻找合适的人才。

我与AC日本公司当时的社长森正胜和他的战略团队的主管村山彻（后来为埃森哲日本公司社长）进行了几次面谈。

从与他们两个人的谈话中，我对AC不局限于战略制定，还将进行大范围实际业务支持的整合型管理咨询业务颇感兴趣。而且，战略团队是从零开始组建的。可以参与到团队组建的过程中，对我来说也是极具吸引力的一点。

而我本人也不是那种喜欢在别人铺好的路上行走的人，我希望能用自己的双手为自己铺设一条全新的道路。

"因为要从零开始创建团队，所以我们需要你的帮助。"因为这句话，我接受了AC的邀约。

AC现在已经是一家规模非常大的公司了，但在当时，整个日本公司也只有几百名员工。

当时的战略团队不过是一个很小的部门，员工也是从公司别的部门选拔出来的，大约10个人。而从外部加入的人员只有我一人。

对于战略制定业务，我们基本上都是新手。

我在进行信息和数据分析时的逻辑不够严密，面对客户完全拿不出合适的方案。虽然我早已想到这一点，但是对于AC和BCG的差距，我还是深感震惊。

虽然有无法拿出合适方案的理由和困难，但客户不可能永远等你成长。

当时我一个人负责好几个项目，为了能拿出满意的结果而四处奔走，经常忍不住对年轻的管理咨询师发脾气。

为了培养年轻的管理咨询师，我找到了在BCG一起共事的三谷宏治先生（后升任AC战略咨询部门执行合伙人，金泽工业大学虎之门研究生院教授）。三谷宏治先生在人才培养方面颇受好评，因为他的加入，AC年轻的管理咨询师们逐渐成长起来。

包括从电通公司离职后加入AC的水留浩一先生［后来接替我就任罗兰·贝格国际管理咨询公司（日本）的社长，现任商人寿司郎株式会社的社长］，大学毕业后便加入AC的田村诚一先生（JVC 建伍株式会社前副社长，日本电产株式会社前董事，现罗兰·贝格国际管理咨询公司高级合伙人）等核心成员也在慢慢增加。

在AC，我负责了很多关于营业改革和业务变革的项目。

当时，运用信息技术的业务流程重组（Business Process Reengineering，BPR）浪潮到来，以大型企业为中心，希望借此机遇革新业务的趋势非常明显。

AC最强大的地方在于其销售能力。

AC是系统咨询公司，与多家大企业的信息系统部门本来就保持着长期的业务往来。

原本同属一家公司的安达信会计师事务所也为AC介绍了很

多客户，所以AC不用特别费力就能签下很多咨询项目的合同。

在这点上，相对于小型的精品类管理咨询公司来说，是非常让人羡慕的。因为，就算是品牌知名度很高的公司，要签下管理咨询项目也是很不容易的。

AC有时会接到几十亿日元甚至上百亿日元的系统开发方面的大金额订单，所以可以在短期战略规划项目上做文章。

曾有一位合伙人调侃："AC的战略团队就是巧克力上的涂层。"

对AC来说，没有比巨额的系统开发项目更为重要的项目了。

为了能签下有巨额预算的系统开发项目，战略咨询服务——名头非常好听的"巧克力涂层"，是作为系统开发合同中的增值服务而存在的，也是AC区别于其他系统开发公司的差异化服务。"巧克力涂层"可以增强AC的品牌感染力，帮助系统开发类项目确定较高的价格。

当时的我也不由得感叹"这世上精明的人真多"。

AC有着其他精品类管理咨询公司无法效仿的独特商业模式。

品牌感染力方面，AC或许比不上麦肯锡公司和BCG，但是在销售和签单方面，AC可以说比麦肯锡公司和BCG厉害。

入职AC3年后，我晋升为合伙人。

对管理咨询师来说，其中一个目标就是晋升合伙人。

多数管理咨询公司都采用合伙人经营模式。

被称作"合伙人"的管理层共同出资，作为共同经营者一起管理和经营公司。在管理咨询公司晋升为合伙人，相当于在普通公司晋升为董事。

晋升为合伙人就意味着作为"伙伴"得到认可，也意味着管理咨询师的成功。

成为合伙人就仿佛加入了"会员俱乐部"，是资深管理咨询师身份的象征。

当然，晋升为合伙人的要求也非常高，需要得到世界范围内所有公司的资格审查和认定。尤其需要和海外公司的高级合伙人进行多次面谈，高级合伙人需要严密地考察和判定晋升对象作为经营管理的"伙伴"是否合适。

最近，不再采用合伙人经营模式，而以公司形态存在的管理咨询公司也开始增多。在这类公司中，虽然有公司保留了合伙人的职位，但这里的合伙人和合伙人经营模式下的真正意义上的合伙人完全不同。

在转行到管理咨询行业后的第七年，我终于达成了晋升为合伙人的目标。

不过，现在回过头去看，成为合伙人并不是终点，而是一个全新的开始。

第3节　加入博斯艾伦咨询公司

➡ 冒着风险换到新环境

晋升为合伙人后，我负责的项目越来越重要，工作繁忙，但也一路顺风顺水、渐入佳境。AC的咨询团队也扩展到了70多人，每个员工都和预期中的计划一样被培养和成长着。

但与此同时，我的内心深处并没有感到充实。

内心里不断出现对自己的疑问："作为管理咨询师，难道到这一步就结束了吗？难道不应该成为像堀纮一那样真正的管理咨询专家吗？"

在AC，没有因为签不到项目而烦恼的问题。但同时我感受到，在这样舒适的环境中待下去，绝对不可能成为像堀纮一那样充满个人魅力的真正的管理咨询专家。

就在那时，在BCG一起共事过的前辈西浦裕二邀请我一起吃饭。

当时，西浦裕二担任着BAH东京公司的副社长。

在第1章中我也介绍过，BAH是管理咨询领域的名门，是M+3B中的一员。

在BCG的时候，我并没有和西浦裕二一起担任项目负责人。但我知道西浦裕二是以精明而著称的管理咨询师。

见面后，西浦裕二开门见山地问我愿不愿意去BAH。

当时，BAH希望扩展东京公司，而且专门在寻找擅长处理制造行业等领域的合伙人。而我正是合适的人选。

我犹豫不决。在AC绝没有让我不舒服的地方，而且工作上还得到同事们的照顾。BAH虽然在美国是知名的管理咨询公司，但是在日本的知名度并不高，如果我选择加入BAH，那么还能像在AC一样有稳定的客户和稳定的项目吗？

最终，我放弃舒适，选择进行一次冒险，加入BAH。

背靠大树好乘凉，但如果总是依赖公司的名气，那么自己想要成为专业的管理咨询师的愿望估计很难实现。

为了离我理想中的"真正的咨询专家"再近一点，我决定把自己重新置于严酷的环境中。

⌀ 战胜"没有业务"的第一年

虽然我已经做好了心理准备，但是加入BAH的第一年，因为没有业务，我过得非常艰辛。

在AC总是有源源不断的项目签约，但是在BAH却毫无动静。虽然我有一定的心理预期，但对于当时的现状和自己的无能为力还是感到非常震惊。

第一年，我基本靠着从认识的朋友那里签到的一些小项目和美国总部直接给过来的外资客户项目"养家糊口"。

第一年结束的时候，BAH日本公司的社长与我面谈，他对我说"非常遗憾"。

我心里想：我可不想被你这个社长说没有努力提高BAH在日本的知名度。但是这一年没有好的业绩，确实是事实。

我自己也很郁闷。说实话，我并不是什么都没做。我与曾经的客户们联系，进行客户关系维系和新的销售，还出版了一本书，借此"推销自己"。

在BCG的时候，堀纮一曾告诉我："书就是自己的名片。"

如果把只印着名字的名片发给客户，客户不会记住你。如果通过写书表达自己的主张，就会给读过自己的书籍的人留下印象。

书的效果非常好。杂志的采访和演讲的邀约慢慢多了起来。这样的状态，也带来了很多客户和项目。

到了第二年，我开始有做不完的项目。

第二年结束的时候，社长面带笑容，对我说的话变成了"非常开心"。

得到两位外籍合伙人的帮助

在国外，有很多合伙人能帮上大忙。

一位是BAH芝加哥公司的保罗·安德森，他是汽车行业的管理咨询专家，其温和的性格得到了很多人的尊敬和爱戴。

在我开发某日本汽车厂商客户的时候，利用他的人脉关系联系到了客户的经营管理层，他还从各种各样的角度给了我很多建议。

还有一位是BAH伦敦公司的基斯·奥利弗，他是供应链管理（以下简称SCM）领域的咨询专家。

他不是那种在麦肯锡公司和BCG常见的学者型咨询师，他熟知企业业务现场的实际情况，是扎根于实际业务的管理咨询专家。

没有这两位前辈的帮助，我不可能签下日本客户的大金额订单。由此，我深切地感受到一个公司的全球业务网络的重要性和优势。

尤其是基斯·奥利弗，为了仅汇报一个小时的提案，他专程从伦敦来到日本好几次。他丰富的管理咨询服务经验和高超的管理咨询服务水平，在我提案和签约的过程中发挥了巨大的作用。

以名气作为名片

基斯·奥利弗非常喜欢日本料理，他来日本后，我带他去吃了寿司和天妇罗。吃着高档的寿司，蘸着香喷喷的酱油，基斯·奥利弗给了我这样的建议："想办法打出自己的名气。以名气作为名片。"

基斯·奥利弗在欧美国家是公认的供应链管理咨询第一人。

他以供应链管理咨询专家为目标，不断精进自己的技术和提升自己的水平，最后成为该领域内无人不知、无人不晓的专家。

我自己并没有打算成为某个领域的专家。我想成为"心中有经略，胸中有经纬"的全能咨询顾问，不管面对什么样的客户、什么样的课题，我都能给出合适的咨询建议。

但是，通过与基斯·奥利弗相处和沟通，我意识到"名气"的重要性。

他告诉我，如果想要作为咨询顾问长久发展下去，首先打出自己的"名气"非常重要。

各地区分公司无法独立经营

BAH非常重视公司内部的全球合作。

当与重要客户谈判的时候，公司会集合全世界合适的精英组成全球性的服务团队来应对客户。

对全球化的客户来说，这种做法可以提供更加专业和更加优质的服务。这种做法也使公司更能得到客户的信任，在这个意义上讲，这样的做法是非常有效果的。

但是，这样的做法也存在问题。

公司把重心放在可以组建全球性服务团队的大型客户身上，却会忽略世界各地分公司所开发的本地客户。

当然，公司重视全球性大客户没有任何问题，我也赞成这样的做法。但是，公司不应该忽略各个国家和地区的本地重要客户。

有很多客户虽然在全球没有什么名气，但是在自己国内却是非常有实力的优质企业。在全球性大客户和本地客户之间取得良好平衡，才是真正的全球化。

但是，事情并不如我希望的这样。

当东京公司希望开发自己的目标客户时，公司首先需要得到美国总公司的审核。也就是说，开发客户的决定权并不在东京公司，而是在美国总部。

我认为这样的做法其实破坏和动摇了"合伙人关系"的基础。

如果各个国家的分公司没有决定权和自由度，是没办法进行独立经营的。

对此，我感觉特别不舒服和反感，有一种不被信任的感觉。

我在罗兰·贝格 ◂ 第3章
国际管理咨询公
司的收获和成长 ◂

▶ 与罗兰·贝格的相遇

当我正因BAH的全球化管理方式而烦恼的时候，一个猎头联系了我。他告诉我罗兰·贝格国际管理咨询公司正在为日本公司社长职位寻找合适的人才。

我虽然对罗兰·贝格国际管理咨询公司有所耳闻，但是它在日本没有什么存在感。

我最开始的真实想法是：再去这样的公司，不是又跟我当初去BAH一样，遭遇同样的难题吗？对不起，我没有兴趣。

不过猎头告诉我，罗兰·贝格马上会来日本，不妨先见一面。

当时，罗兰·贝格是被德国施罗德总理邀请担任德国经济部部长的炙手可热的大人物。

虽然罗兰·贝格国际管理咨询公司在日本没什么名气，但是罗兰·贝格却是从零开始一手创建全球性大公司的传奇人物，能与他见面，对我来说是想都不敢想的事情。

我本着兴趣出发，答应猎头去与罗兰·贝格见面。

被罗兰·贝格的人格魅力所征服

1999年11月5日，我和罗兰·贝格第一次见面。见面地点在罗兰·贝格经常下榻的酒店——大仓饭店的主餐厅。

我们意趣相投，一见如故，谈得非常投机。

罗兰·贝格和我一样，都曾在BCG工作。

他虽然在美国波士顿工作，但是奇怪于"为什么没有起源于欧洲的管理咨询公司"，于是回到了自己的家乡德国慕尼黑，并于1967年创立了自己的管理咨询公司，那时他不过29岁。

罗兰·贝格国际管理咨询公司在欧洲各地开设了分公司，并于20世纪70年代进入南美洲和亚洲市场。在以美国系管理咨询公司为主的管理咨询行业，一家起源于欧洲的公司也在不断崛起。

罗兰·贝格神情激昂地说着自己的梦想和挑战。

那时，罗兰·贝格60多岁。他大杯地喝着红酒，吃着美味的牛排，情绪高昂、精力充沛。与其说他是一位管理咨询专家，不如说是一位拥有伟大梦想的企业家。

与这样的人一起共事，应该非常有趣。这是我当时的直观感受。

与罗兰·贝格的"两个约定"

罗兰·贝格当时的遗憾是，虽然1991年已经在日本成立了分公司，但是过去快10年了，业务一直没有起色，日本公司所做的工作不过是为德国总部进军日本市场提供支持服务。

对罗兰·贝格来说，日本市场的成功是一个一直未能实现的愿望。在他看来，在日本企业的世界知名度逐渐升高的情况下，自己的公司未能在日本占据一席之地，其实不能说公司实现了真正的全球化。所以，他希望建立由日本籍员工主导的，并着力开发日本客户的体制。

他热切希望日本公司"重新出发"。

罗兰·贝格向我提出了"两个约定"。

约定一："公司的经营权交给你，你可以按照自己的方式来管理。"约定二："有事直接找我商量。"

听到这样的约定，我为之一振。

第一次见面就如此信任我，我内心百感交集。

当时我并没有直接答应罗兰·贝格，希望他给我一点时间考虑。

分别后，在回家的出租车上，我已经做好了决定。

当然，这绝不是因为酒精导致一时冲动。

第2节 以入围三强为目标

⊙ 成为罗兰·贝格国际管理咨询公司（日本）的社长

　　加入罗兰·贝格国际管理咨询公司半年后的2000年5月，我成为罗兰·贝格国际管理咨询公司（日本）的社长。

　　回顾自己的职业经历，虽然只是规模尚小的公司，但毫无疑问的是，作为社长的经验，对提高自己的管理咨询服务"品质"有着非常大的影响和帮助。

　　该如何实际经营管理一家公司，如何驱动组织发展，这些我都得以亲身体验。

　　当时，罗兰·贝格国际管理咨询公司（日本）的员工人数很少，包括管理咨询师、助理在内不到10个人，可以说是从零开始。

　　在入职的那天早上，我召集所有员工聚在一起，我能从他们的表情中感受到不安。

　　我当时表示"我们的目标是成为与麦肯锡公司、BCG齐名的三强"。

　　我看到员工脸上全是惊愕的表情，他们的内心肯定在想"这个人到底在说什么"。

　　他们的心情确实也不难理解。公司一直没有大的发展，可以说业务低迷，同事们一个接一个离职。在这样的状态下听到如此远大的目标，自然觉得我是痴人说梦。

虽然如此，但我还是觉得，如果想要重新出发，就不得不给自己制定一个高目标。

高目标就是成为"三强之一"。

既然罗兰·贝格能在其他国家和地区开设分公司并达到高目标，那么在日本也会实现。就算现在不相信，我们也必须要以此自我鼓励和自我鞭策。

在说出"三强之一"的目标后，我还提出了"咨询·创业"的口号。我们是一家管理咨询公司的同时，也是一家处于创业期的企业。

感怀于罗兰·贝格的企业家精神，我加入了罗兰·贝格管理咨询公司。

我希望员工们能意识到自己正在参与公司的创业发展。

提出"3F"口号

有了明确的目标后，我又提出"3F"的口号。

❶ Fresh（新鲜）

第1个F，是Fresh。

我们并不是像麦肯锡公司、BCG一样已经有品牌知名度的老牌企业。我们是罗兰·贝格于1967年创业成立的"新鲜"公司，而且是欧洲唯一的管理咨询公司。这是公司的特色，也是公司独一无二的地方，更是其独特魅力所在。

而且我们的创始人还精力十足地活跃在自己的事业舞台上，这样的创始人在未来还能带领我们创造更辉煌的业绩。

我想强调的是，再也没有一家管理咨询公司像我们这么"新鲜"了。

❷ First-Class（一流人才）

第2个F，是First-Class。

我们招聘的是一流的人才，一流人才才能适配我们一流的客户。

我想借此传达的是，我们专注于"为客户提供专业的服务"。

❸ Fun（快乐）

第3个F，是Fun。

我最想传达给员工们的是，我们要以此为乐，快乐地工作。

大家正在经历的是罗兰·贝格国际管理咨询公司（日本）的"重新出发"，这是具有重大意义的行动，如果不以此为乐，将是一种损失。

我并不是故意在第一次见面时跟大家说这些"不靠谱"的话，我只想真诚地告诉大家我的想法。

直到现在我还记得，听我说完3个口号后，原本惊愕的员工们慢慢放松，神情变得柔和起来。

● 组建团队

尽管我作为社长拥有一腔热情，但我也知道光靠自己什么也做不了。

首先，我要招募一些能与我并肩作战、"重新出发"的伙伴，倾力打造一个强大的团队。

第一个加入进来的是我在AC的同事，水留浩一。

我把希望水留浩一加入的事情向罗兰·贝格做了汇报。之后立马与水留浩一联系，没想到他很爽快地就答应了。

他不仅是一位能力强、水平高的管理咨询师，还是一位富有企业家精神的难得的人才，他是一位得力的帮手。后来，水留浩一接替我成为罗兰·贝格国际管理咨询公司（日本）的社长。

我极力挽留了另一位有离职打算的员工长岛聪，他在我任社长之前就一直在罗兰·贝格国际管理咨询公司（日本）努力工作。

另外，公司还新招聘了两位新员工，一位是通过社会招聘的贝濑齐，另一位是大学刚毕业的高桥启介。他们目前是罗兰·贝格国际管理咨询公司的合伙人，还活跃在管理咨询行业。

公司的组织架构一点点完善起来，但还是没有脱离"个人作坊"模式。

如果有二三十个意趣相投的同事在一起工作下去也挺好，但是这样的话，绝对无法实现"三强之一"的目标。

要取得飞跃式的大发展，必须还要从公司外部找到经验丰富、能谈项目、有实际行动力的高级人才。

<table>
<tr><td>第3节</td><td>飞跃发展之路</td></tr>
</table>

● 我完全相信你

当时，正好管理咨询行业刮起一股追随罗兰·贝格国际管理咨询公司的风潮。

科尔尼管理顾问公司被美国电子数据系统公司收购，员工开始陆续离职。我以前工作过的BAH的东京公司与美国本部之间的矛盾越来越大。

我找到这两家公司的合伙人，希望他们能加入罗兰·贝格国际管理咨询公司（日本），帮助公司"重新出发"。

当时邀请我加入BAH的西浦裕二也加入了罗兰·贝格国际管理咨询公司（日本）。还有BAH的岸田雅裕、科尔尼管理顾问公司的森健和冈村晓生，这些合伙人也都加入了罗兰·贝格国际管理咨询公司（日本）。

水留浩一也已晋升为合伙人。这样一来，包括我在内，合伙人一下增加到了6名。西浦裕二与我处于同一立场，为东京公司的发展奠定了良好的基础。

后来，曾为公司业绩重振而竭尽全力的日本麦当劳公司首席市场营销总监足立光也加入进来，还有其他一些得力的管理咨询师也陆续加入了公司。

对于合伙人的大量增加，德国总部曾发出了需要谨慎行事的提醒。因为工资较高的高级管理人员一下增加很多，公司的固定费用也提高了。

从接到项目到产生收益还有一个时间差。而且，虽然合伙人增加了，但是他们能不能签到项目还是未知数，所以其实这也有一定风险。

这个时候，罗兰·贝格给予了我很大的支持。

我曾与罗兰·贝格有一个约定，那就是"第3年实现盈利"。

我给罗兰·贝格发邮件，告诉他："因为合伙人增加带来成本增长，在第3年实现盈利比较困难。非常抱歉。"罗兰·贝格收到邮件后，打印出来，在纸上写了这样的话，然后传真给我。

"You have my full confidence."（我完全相信你。）

看到邮件，我进一步感受到了罗兰·贝格作为企业家的心胸和精神。

出版畅销书

因为合伙人的增加，东京公司的发展不断加速。

通过应届生招聘和社会招聘，员工人数增加到60名左右。

但是从品牌力和知名度上看，罗兰·贝格国际管理咨询公司（日本）距离麦肯锡公司和BCG还有很大的差距。于是，我想到了用出版书籍的方式来扩大知名度。

2004年我出版了《现场力》（东洋经济新报社出版）。这本书取得了远超我想象的良好反响。甚至登上了东京八重洲图书中心的畅销书排行榜的第一名，并经过多次加印。当年年末，这本书还荣列日本书评杂志*Top Point*"读者应选书目推荐"第一名。好评风潮持续到了第二年。

2005年，我又出版了一本新书《可视力》（东洋经济新报社出版）。这本书销量也非常好，甚至荣获第六次日经BP BizTech图书奖。

《现场力》和《可视力》两本书的销量均超过了15万册，成为畅销书籍，也成为我的代表作。

随着书籍的畅销，罗兰·贝格国际管理咨询公司的知名度也提升了。

在BAH时，基斯·奥利弗给我的建议，我终于做到了。

参与公司的全球经营

担任社长5年后的2006年，我晋升为会长。同时，我被聘任为早稻田大学商学院教授。能参与到商业管理的教学中，也是我一直希望达成的目标。

我把社长之位交给了一直与我并肩作战的水留浩一。那时他36岁，对于管理层是非常年轻的。

针对这样的人事安排，德国总部有些担心："在讲究资历的日本，水留浩一这么年轻，没问题吗?"

但是我知道他的实力，也知道他适合社长这个职位。而且罗兰·贝格也推荐了他。

日本公司的经营管理工作交给水留浩一之后，我成了德国总部监事会（Supervisory Board，SVB）的成员。

在德国，监事会是非常普遍的管理机构，是高于企业经营管理委员会（Executive Committee，EC）的公司最高经营管理决策机构。

经营监察委员会成员一共5人，我是第一个来自亚洲的成员。

在德国慕尼黑召开的合伙人大会上，我通过投票当选。我站上主席台，全体参会人员爆发出雷鸣般的掌声。那一刻，我身心为之震动。

此后的5年中，我一直处于罗兰·贝格国际管理咨询公司的全球经营管理决策核心。除我以外的4位成员分别是德国人、法国人、荷兰人和葡萄牙人。

每年，我会出差去德国4次，每次进行三天一夜的"子弹之旅"（形容出差日程紧凑），在德国的时间，我们会从早到晚一直开会讨论全球经营的主要课题。

通过这样的宝贵经历，我了解到了作为一家大型全球化企业，罗兰·贝格国际管理咨询公司是如何经营和运作的。

不断精进

即便是就任会长以后，我还是会负责具体的管理咨询项目。我更加深切地体会到作为管理咨询师必须要不断提升自己的业务能力。

日本企业面临的环境越来越复杂，经营管理方式越来越集中。为了能够提供更加符合时代要求且走在时代前列的咨询服务，管理咨询师必须要不断提升自己的业务水平。

例如，为提高日本企业的创造性和生产能力，我们提倡和呼吁把日本式的企业改革称为"'わ'式改革"。

"わ"是什么呢？写作汉字"和"时，因为日本的主体民族为大和民族，所以日本人一般把日本风格的相关事物称作"和式"，这里指"日本风格"的意思；写作汉字"话"时，这里指"对话和交流"的意思；写作汉字"轮"时，这里指"朋友社交圈"的意思。

其中一项改革，就是与被称作"伙伴"的战略合作企业展开深度合作。

在人工智能、数据库、精密技术、设计等方面拥有独特优势的十几家初创企业联合，打造和开发日式生态系统。

在咨询管理方面，十几家企业可以互相合作，采取一种与传统管理咨询服务不同的新做法。

我负责的一个咨询管理项目，也曾得到一家合作企业的协助。这家公司精通先进技术，他们给的建议让我耳目一新，受益良多。

被改革浪潮裹挟其中的日本企业，需要经营管理层自上而下强有力地推行改革政策以及负责实际业务的现场人员与管理层的互相配合，如此才能实现"积极大胆的变革"。

为了能为这样的变革提供强有力的支持，管理咨询师必须下定决心与公司经营管理层进行面对面强有力的沟通，还要为负责实际业务的现场人员提供强有力的鼓舞和支持，这就要求我们必须具备比以往更高的咨询服务品质。

第4节 | 我当上社长后才明白的四件事

2000年我就任罗兰·贝格国际管理咨询公司（日本）的社长，此后在社长、会长的职位上一干就是20年。

这样的经历，对我的管理咨询职业生涯产生了各种各样的影响。

在社会责任和经营压力方面，我没法和大企业的社长相比。但作为社长把有缘一起工作的同事们凝聚在一起，一起为公司的发展和成长而努力的心情是一样的。

接下来我希望和大家分享从一名管理咨询师成长为社长后，我才明白的事情。

强大的愿景胜于软弱的战略

有人认为管理咨询师是逻辑性强的专业人士，还有人认为管理咨询师不过是用逻辑推理耍嘴皮的人。在我看来，在经营管理中，合理性是不可或缺的因素。

要想在激烈的竞争中脱颖而出，成为有存在感和话语权的公司，公司领导层首先要冷静地分析本公司和竞争对手的优劣势，然后制订出打败对手的合理计划。

但是，在担任社长后我才发现，还有比合理的战略更重要的东西。那就是"愿景"。我觉得也可以称之为"理想"或者"愿望"。也就是说，我们到底要实现什么？这应该是经营管理和实际业务的出发点。然后把认同这种愿景的人聚拢在一起。

我就任社长的时候，提出了成为"三强之一"和"咨询·创业"的愿景。从当时公司的实际情况看，这样的理想犹如空中楼阁。

但是，认同这种愿景的人，选择加入公司或留在公司，随我一起出发。就这样，有着共同信念和理想的人凝聚在一起，为前景不明的公司能取得更大发展而努力。

所以，愿景是比战略层次更高的概念。

强大的愿景胜于软弱的战略。

🔴 不要错过决定胜负的关键时刻

无论公司战略多么合理，如果错过了决定胜负的关键时刻，也是不可能有结果的。

不错过绝佳时机，可能是经营管理者要具备的最重要的能力了。

当社长的时候，我也碰到过决定性的时刻。

在我当社长后的第三年，几家竞争对手企业陷入了经营混乱的状态。这对罗兰·贝格国际管理咨询公司来说，是一次绝好的招聘优秀人才的机会。

我下定决心行动起来，把公司的愿景和我的想法告诉那些别的公司的优秀人才，热情地邀请他们来罗兰·贝格国际管理咨询公司。

之后成功招聘到以4名合伙人为核心的管理咨询师团队，这也成为成就罗兰·贝格国际管理咨询公司今日发展的基础。

现在回过头来想，那个时候正是决定我们胜败的时机。

从美国离职返回德国，凭借一己之力开启创业之路并把公司发展成全球性企业的罗兰·贝格与我有着深刻的同感，那时他也坚定不移地支持着我。

如果我错过了那样的时机，没准我们东京公司到现在仍然只是"个人作坊"。

相信员工的可能性

现在的罗兰·贝格国际管理咨询公司已是人才济济。不管是大学刚毕业的学生，还是社会招聘的员工，其水平和个人能力都特别强。

但是，20年前的员工可不是这样的，那时的员工，无论是头脑、知识，还是技能等各个方面，与今天相比，都要差很多。

没有丰富的人才资源，我也不敢有特别的"非分之想"。我只能充分利用和规划已有的人才储备和手头的资源，尽可能做到最好。

其实这也成为我一个宝贵的经验。

如果我有充足的优秀人才储备，遇到进展不顺的情况，我会很容易想到用另一个方案代替原有方案。

但是，在人才资源有限的情况下，就算我有不满也必须忍耐着，同时坚持不懈地去培养人才，促使有限的人才不断成长。

我让年轻的管理咨询师参与项目，在与客户的沟通过程中锻炼自己，积累经验。年轻人慢慢地就成长起来了。

管理咨询师的工作并不是仅需要一个好的头脑那么简单。有很多头脑运转快的聪明人，在咨询项目中也拿不出成果。

很多看起来呆板，但是通过坚持与客户沟通和交流，最终得到客户信任，出色完成项目的咨询师也有很多。

在罗兰·贝格国际管理咨询公司，基本制度也是"要么晋升，要么淘汰"。但是，公司给予员工的考核期限比别的竞争对手公司要长。

有的管理咨询师在某一些项目中可能没有什么成果，但是却在另外的项目上展现出了完全不同的工作表现。

所以，公司领导层要相信自己的员工，相信他们成长的可能性，给他们机会，让他们积累足够的经验。

培养管理咨询师要通过实践锻炼，并在管理咨询项目中坚持不懈地培养。

珍惜幕后的员工

作为社长，让我苦恼的实际上不仅是员工。

员工的劳动合同没有完善，会计交上来的财务数据错误，银行的货币资金突然减少，以前的经营管理真是太粗放了。如果成天被这些事务性工作弄得头昏脑涨，那么就没办法专心做咨询项目。

于是，我决定强化幕后支持人员的队伍。

首先，我邀请在BAH时曾经担任我的秘书的樱井裕子加入罗兰·贝格国际管理咨询公司。在罗兰·贝格国际管理咨询公司担任一段时间我的秘书后，她升职为人事部门的经理。

她并没有人事方面的经验，但是我确信"她绝对没问题"。

我重新招聘了一位新的财务经理上岛弘道。他曾在外资管理咨询公司任财务经理。作为财务经理，必须要与德国总部打交道，所以此人必须具备一定的外资企业工作经验，并且具备足够的沟通能力、专业知识和顽强的毅力。

有了这两位员工的加入，财务和人事部门稳定下来，我也不用再担心幕后支持部门出现任何影响一线咨询工作的问题，经营状况开始稳定。两位员工一直在罗兰·贝格国际管理咨询公司工作了20多年，直到现在仍然在幕后担任着支持工作。

对管理咨询公司来说，其主角肯定是管理咨询师。秘书、人事、财务、设计、信息技术人员等员工，是在幕后支持一线管理咨询工作的支持人员。

但是，如果在幕后起支持作用的人员不强大，主角们的舞台也不会稳定，主角们没办法安心地一往无前。

相反，当幕后起支持作用的人员变得强大，处于一线战斗的主角们才能更加出色地发挥自己的能力，从而更好地完成自己的工作。

虽然我们是仅有120名员工的小公司，但是公司整体运转却非常顺畅。这其中，处于幕后起支持作用的人员做出了巨大的贡献。

管理咨询工作的本质

明确工作的本质

从第1章到第3章,我花了很多篇幅介绍了管理咨询行业的历史,也介绍了我在管理咨询行业30多年的从业经历。

这些内容是我即将要介绍的"管理咨询工作的本质"的前情提要。

在本章中,我将针对管理咨询师的工作内容、能为客户提供的附加价值等,对"管理咨询工作的本质"进行详细介绍。

但是,可能只有真正做过管理咨询工作的人,或者说跟管理咨询师一起工作过的人,才能真正理解我们实际工作的状态,才能真正理解管理咨询工作的本质。

首先从我自己最近负责的3个项目开始进行介绍。

基于保密义务,我介绍的内容不会涉及客户的具体名称和项目的具体内容,但我会将项目的主题和项目概要介绍给大家。

首席执行官议程

虽然我就任罗兰·贝格国际管理咨询公司的社长已经很久了,但我还是坚持亲自参与具体的咨询项目。

其中一个项目是我认识的一位企业高管直接委托我，让我必须亲自参与的项目。

实际负责项目的是由合伙人、执行合伙人、项目经理所组成的管理咨询团队，但我会作为其中一名管理咨询师发表我的咨询意见。

通过与年轻管理咨询师接触，可以给团队带来一些新鲜的"刺激"，当然我自己也需要年轻人给我一些年轻的"刺激"。

我要介绍的三个项目，分别属于完全不同的行业。客户的销售规模不同，从几百亿日元到几千亿日元不等，而且项目的主题也完全不一样。

但是，有一个特点是相同的。这三个项目都是以社长为主的企业最高经营管理层亲自参与的重大项目。

在美国，这样的项目被称作"CEO Agenda"（意译为首席执行官议程），是指首席执行官意识到项目的重要性并亲自参与。

管理咨询师所做的工作可以说能够左右企业的未来，面对如此重大的局面，我们必须和企业最高经营管理层面对面沟通。这点也正是管理咨询工作的厉害之处，也是这项工作最好的一面。

消费品生产企业B公司：制定与竞争对手合作的重大战略

B公司是一家中型消费品生产企业。

我们曾为该公司制订中期经营计划等，与历任社长关系也较为亲密。

当时，同行竞争对手X公司邀请B公司一起合作。

X公司与B公司同等规模，也属于中型企业。

X公司预计自身在日本国内市场将不会有太大的成长空间，与其与竞争对手过度竞争，还不如在能合作的方面与B公司展开合作。于是X公司做出了和B公司合作的决定，并主动接触B公司。

B公司社长打电话给我，希望我和我的团队对于B公司如何与X公司展开合作给出建议。

作为最高机密项目，我们很快开始研讨。

说是合作，其实合作的内容有很多选项。我们对两家公司合作的可能性做了全面的梳理。从在某些领域或某些功能上的有限合作，到两家公司战略合并等大范围颠覆性合作方式，都做了全面整理。

而且，我们对每一种合作模式的好处和坏处均做了充分论证，并预估了每种合作模式下可能达到的效果。

当然，在这个阶段，我们还拿不到X公司的具体经营信息和财务数据，我们只能采用公开领域可以获取的信息进行试算。

我们大约每两周与B公司社长及管理层进行一次面对面交换意见。

通过促膝交谈式的亲密沟通，我们终于制定出了基于与X公司合作前提下的大战略。

B公司也是依据我们制订的战略方案与X公司进行了谈判。

几个月后，B公司和X公司达成了战略合作。

案例
❷

商用机械制造商C公司：制定新兴事业推行战略

C公司是拥有独家技术的商用机械制造商。其产品不仅在日本销售，在日本以外的多个国家和地区也有广泛销售。

然而，随着新兴的亚洲同行企业实力的不断增强，C公司曾经拥有的优势地位逐渐受到挑战。

为此，C公司希望进行商业模式转型，不仅生产硬件，还希望通过提供服务来提升收益。

随着企业的附加价值逐渐从物品到事情，再从事情到服务发生转变，C公司可通过提供差别化的高附加值服务，实现企业不再深度依赖商品本身的收益模式改革。

在此之前，C公司内部已经成立了项目组，经过多次讨论和研究都没有得到满意的结果。

于是C公司打算选择一家管理咨询公司帮助研讨，罗兰·贝格国际管理咨询公司被选中。

我们和C公司的中坚力量一起组成项目组，开始了一次又一次的不断讨论。

我们坚持以终端用户的需求出发，实际走访了正在使用C公司产品的终端用户，了解他们目前是否有难题，或者正在苦恼的事情是什么。

以往C公司是通过自己的经销商收集和了解终端用户的需求，并以此决定提供什么服务。通过调研我们发现，经销商反映的需求和终端用户的实际需求存在不一致的地方。

通过走访终端用户的生产现场，直接听取现场的真实声音，C公司到底应该提供什么样的服务才能解决客户现场的实际课题逐渐清晰起来。

以前C公司一直在讨论提供服务的问题，但并没有想到可以充分利用C公司的天然优势"产品+服务"这一组合模式来解决客户的实际问题。

如果只说服务，很容易被其他公司模仿，难以形成特别鲜明的差异化特征。如果加入C公司独家技术的硬件产品，相当于为自己添加了一道天然屏障，竞争对手想要模仿C公司的经营模式就没那么容易了。

在充分考虑终端用户需求的基础上，我们提出了几个选择方案，最终得到了以C公司社长为核心的经营管理层的认可。

C公司目前正在研讨正式推出相关产品，并准备进行试点部署。

案例
3

娱乐公司D公司：现场主导型业务改革

D公司是一家提供娱乐服务的公司。

为了让顾客满意，D公司员工每天都在努力工作。员工们把客户的快乐当作自己的快乐，现场工作人员士气很高。

但是，D公司的社长却觉察到一个大问题。那就是现场的工作效率和生产力水平不高。

虽然员工们都特别卖力工作，但是却有很多浪费资源和不高效的情况出现。

员工们只关注顾客满意度，并没有考虑到生产力和工作效率的问题，这让D公司社长感到了很大的危机。

D公司社长决定依靠罗兰·贝格国际管理咨询公司的团队

进行相关的业务改革。

但D公司社长希望改革由现场员工主导完成，并将改革的重点确定为现场业务效率提升。

于是，我们和D公司现场的核心人员一起组建了项目小组。

现场的问题梳理和分析主要由罗兰·贝格国际管理咨询公司来完成。

业务由"人"完成，没有形成标准化和流程化、没有流畅的PDCA循环、没有工作反馈、信息技术系统运用不充分等问题逐渐浮现出来，与此同时，现场改善的方向和内容也逐渐清晰。

我们建议，可以立即开始改善的地方应该立即着手改善，并将整个业务改革做成"可以看得见"的东西。

改善以现场员工为主体，自己想办法，由员工主导完成。而罗兰·贝格国际管理咨询公司的管理咨询师仅作为他们的支持和辅助人员。

最后召开的结果报告会，也以现场工作人员为核心，由他们直接将改善成果汇报给D公司社长。

看到具体的改善成果时，D公司的社长感到非常震惊。

通过这样一番动作，现场员工可以深刻地体会到，原来业务改革和改善可以由自己完成，并且也意识到公司业务到了不得不改善的时候。

这样一次业务改善项目，培养了员工的改善意识，这才是项目最大的成果。

现在，项目组成员们正在做相关准备，打算进一步在公司范围内推行相关业务改善。

第2节　管理咨询师是业务变革的专家

● 管理咨询师如何促进企业业务变革

看完这3个案例，你有什么感受呢？

可能很多人会产生疑问，为什么要请管理咨询师？为什么企业自己不能推进业务改革？

这些是非常好的问题。

可能也有人会认为，与其他公司的合作、新事业开发、业务改革，虽然项目主题不同，但不都是公司自己的事情吗？本来就不应该使用外部的管理咨询师，应该由公司自己来完成。

话虽如此，但是B公司、C公司、D公司的管理层为什么会找到罗兰·贝格国际管理咨询公司来协助呢？

其最大的理由是，这三家公司所面临的是非延续性变革，而不是过去业务的延伸。

如果企业凭借以往的经验可以完成业务改善和改革，是完全不需要外部管理咨询公司参与和介入的。利用以往业务中所积累的经验和知识技能应该可以应对业务的延伸。

但是，这三家公司面临的情况不是这样的。虽然三家公司的项目主题不同，但是他们所面临的都不是以往业务的延伸，他们

第4章　管理咨询工作的本质

面临的是全新的未知挑战。

B公司在剧烈变化的市场环境中，摸索和尝试与竞争对手合作的全新商业模式。

C公司要挑战"从硬件到服务"的全新价值创造模式。

D公司希望"一线员工自己改变自己，自己推行业务改革"，并以此获得组织机构能力的提升。

类似这样，当公司需要推行非延续性的"大胆改革"时，"外部人士"的参与和介入是不可或缺的。因为"外部人士"可以以客观、独立、中立的立场为公司的改革提出建议和提供支持。有了客观合理性，企业的改革才会更加顺畅、高效。

当然，对于非延续性变革，只要假以时日，公司内部人员也可以推进并完成。

但是，如果只依靠内部人员推进，可能需要花费庞大的时间和精力。光是协调内部各种利益关系，就需要花费很大的力气。

管理咨询师是"变革的专业人士"。身为管理咨询师，我们根据客户的委托开展工作，所以对我们来说，"变革"是我们的"日常"工作。

但是，对多数企业来说，变革是"非日常"的工作。

5年一次、10年一次，甚至20年才有一次的大变革，仅依靠公司内部人员来推进并完成，并不是最好的办法。只有"外部人士"的加入，才能否认过去工作中既有的成功经验、已经固化的思维定式与僵化的常识。

工作的本质

确定变革推进的路线和方向、向公司内部渗透改革的必要性、推动变革朝着既定的方向前进，这一系列"变革管理（change management）"正是管理咨询师的技能，也是管理咨询师的价值所在。

B公司仅花了几个月，就确定了和X公司合作的方向，并按照既定的方案开始了和X公司的合作事宜谈判。

C公司挖掘到了公司内部无法发现的终端客户的真实需求，并总结与制定出了公司的新业务战略及商业模式。

D公司通过业务改革让公司和员工体验到了改革带来的成功变化，并开启了持续性的业务改革。

当然，实际推进公司业务变革的当事人肯定是客户自己。无论多么优秀的管理咨询师，都不可能成为公司变革的当事人。

但是，能用好管理咨询师这样的"变革专业人士"，可以让公司变革加速，并使公司很快获得变革带来的成果。越是大规模的业务变革，就越应该寻求"变革专业人士"的帮助。

作为管理咨询师，我们参与到客户的业务变革中，以"外部人士"的身份开展工作。

一般来说，企业变革过程大致可以分为以下8个步骤。

① 确定具有凝聚力并能引起员工共鸣的变革愿景。

② 制订能实现变革愿景并且适合公司实际情况的战略方案。

③ 活用各种手段将业务变革的愿景、意义及战略方案传达

给公司每一个人，将全公司力量凝聚在一起。

④ 确保变革需要的资源并合理分配。

⑤ 公司上下一心，全力推进。

⑥ 变革成效开始显现，公司全体确认方向正确。

⑦ 根据变革结果，对社长和员工进行公正评价。

⑧ 变革范围不断扩大，变革成果在公司内部不断巩固，最终完成变革。

我这样一写，大家可能觉得企业变革其实挺简单的。但是，现实中的企业变革肯定不会完全和教科书的内容一样。如果不能克服困难、排除障碍，并坚持不懈地推进下去，变革是不可能实现的。

作为"变革的专业人士"，管理咨询师不仅要熟知变革的流程、要点，还要深入了解客户的实际情况，知道哪个环节对客户最重要，并要准确判断作为"外部人士"的自己在不同客户的业务变革中起到什么样的不同作用。

要把变革推向正确的轨道，就必须找到正确的"穴位"。而且"穴位"并非一成不变，客户的情况不同，"穴位"也不一样。

如果因为客户管理层对变革的意见不统一而导致变革的方向和战略迟迟制定不出来，那么就需要和客户管理层进行深入讨论，直到全员意见统一为止。

即便变革方向已经明确，如果变革的资源不充足，还必须实时向客户管理层提出建议。另外，如果实际执行层面存在问题，就必须和现场业务人员一起推进，让现场业务人员引起重视并付出努力。

只有按准了企业变革的"穴位"，变革才能顺畅地进行，而这些正是应该由"变革的专业人士"来做的工作。

◗ 管理咨询工作的三大要素

罗兰·贝格国际管理咨询公司擅长与客户紧密合作。我们常驻客户的办公室和生产现场。因为我们希望与客户在同样的地点和同样的时间做同样的事情，深入感受客户的公司氛围，以此加深我们对客户工作的理解。

另外，因为我们经常和客户在一起工作，所以当碰到问题时可以和客户一起讨论。而真正活跃的创意和思想，正是在不断的碰撞和沟通交流中产生的。

作为管理咨询师，我们必须保持独立，不能被客户同化。所以，就算在同一时间和同一地点与客户做同样的事情，我们还是必须保持自己独特的"体质"。

对客户来说，正是因为我们拥有不同的"体质"，才能为客户提供不同的附加价值。

管理咨询师的工作，必须具备如下3个要素。也正是因为这3个要素，才能体现管理咨询师的专业性。

❶ 独立性

管理咨询师是独立的"外部人士",所以没有公司内部各种规定或者思维意识的限制,而公司内部的员工则被各种规定无意识地束缚着。

管理咨询师要做的是思考自己能做些什么以帮助客户把公司经营得更好,并向客户提出自己的建议。

有的美国公司会设置一种岗位叫"内部咨询师",是指由公司员工承担咨询顾问的工作。

我理解公司设置这类岗位的意图和目的,但是到底能起到多大的作用,我持怀疑态度。

不管多么优秀的人,一旦进入公司成为"内部人士",当他的身份是一名会被公司和同事评价的员工时,他就没有独立于各种规则以外的自由可言。

所以,有的事情只能"外部人士"来做。如果身在其中,可能根本做不了什么。

即便是小型管理咨询公司,因其独立于组织以外,也可以产生巨大的价值。

❷ 客观性

管理咨询师就算是处于非常自由的立场,如果所提建议和提案没有根据,如空中楼阁,那么也是无法赢得客户信任的。

管理咨询师最有力的武器是"有说服力的客观性"。

管理咨询师要站在客观的立场，不断追问自己对客户来说什么才是最合理的。正因为不是负责业务的当事人，管理咨询师才能看清楚真正重要的东西。

对企业来说，经营管理和商务业务，必须具有合理性。但是，一般来说，随着公司的发展，不知在什么时候就丧失了合理性，最终陷入公司内部的固有逻辑。这样一种不正常的状态，只有与客户保持合适距离的人才能看得真切，不会出现不合理的情况。

❸ 专业性

客户对自己现在所开展和经营的业务绝对是专业的，曾经的成功足以证明这一点。所以，管理咨询师必须要对客户抱以充分的尊重。

但是，前面也说到了，客户并不是"变革专家"。

到底做什么可以让公司变得更好？在"对变革的管理"方面，管理咨询师远比客户所拥有的经验丰富得多。

管理咨询师可以制定新的战略规划以帮助和引导客户走上变革之路。对于企业变革的实际推进和业务改善，管理咨询师也有自己独到的见解。"对变革的管理"才是管理咨询师最为核心的知识。

只有以上3个要素同时具备，管理咨询工作才能产生巨大的价值。

缺乏其中任何一个要素，管理咨询师能为客户做的事情都会大打折扣。

◑ "催化剂"帮助实现变革

关于管理咨询师的工作，如果用一个词语给其下定义，我觉得用"催化剂（Catalyser）"最为合适。

一般来说，催化剂指的是在化学反应前后虽然其本身的数量和化学性质基本不变，但是却可以使特定的化学反应加速的特殊物质。

1832年，德国化学家发现，对着铂金的碎屑吹一些氢气，就能燃起火苗。因为铂金的原因，氢气和空气中的氧气结合发生反应，最后出现了燃烧现象。在这个化学反应中，铂金起了"催化剂"的作用。

管理咨询师的作用类似于"催化剂"的作用。

管理咨询师加入工作后，客户的"化学反应"会加速，最终实现企业的变革。

向我们发来委托的客户，肯定是希望在公司内部引起"化学反应"，并向着新的发展方向转变。

然而，曾经享受过成功的公司，或者打算挑战"不连续性变革"的公司，如果仅依靠自己公司内部的力量，是无法如愿推进企业变革的。也正是在这个时候，这些公司才需要"催化剂"。

管理咨询师作为"催化剂"，走到客户中间，不会被客户同化，但却可以加速"化学反应"，加速改变，最终帮助客户实现企业变革。这就是管理咨询师的"工作的本质"。

"催化剂"应该肩负的使命

那么，名叫管理咨询师的"催化剂"，到底能为客户带来什么作用呢？

总结起来说，"催化剂"要承担的任务有如下两个（图4-1）。

① 确定变革的方向。

② 激发客户的行动力。

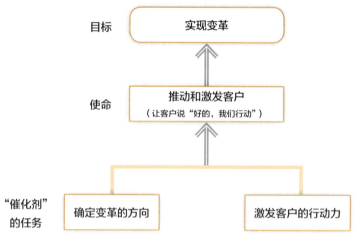

图4-1 "催化剂"的使命

确定变革的方向，是指与客户一起制订适合其公司现状的、可行的、具有高度共鸣的变革方案，并确定变革的推进路径。

激发客户的行动力，是指提高客户的积极性，推动客户朝着既定方向采取实际行动。

要真正实现和完成变革，需要花费相应的时间。

所以，管理咨询师参与客户变革每一个环节的情况非常少见，一般来说管理咨询师多在变革初期参与其中。

很多客户虽然意识到了变革的必要性，但是既没有确定变革的方向，公司内部也没有将太多的精力放在变革上。在这种情况不明朗的时候，作为"催化剂"，管理咨询师就需要发挥作用了。

如果用更容易理解的词语来描述管理咨询师的使命，我觉得应该是"激发客户的行动力"。

也就是说，管理咨询师要让客户的公司内部从社长到普通员工都要充分意识到"现在是变革的时候"，并能情绪高昂地拿出变革的决心。这才是管理咨询师工作的真正的本质。

为此，管理咨询师必须要制订出能让客户"下决心去做"的合理的战略方案，并与客户一起达成初步的变革成果，让客户体会和认识到"这样做可以"。

为了能推动和激发客户，让客户"下决心去做"，只要是管理咨询师能做的事情，就都可以去做。只有这样，这个管理咨询师才能称得上专业。

不起眼的"催化剂"却起着决定性的作用

虽然管理咨询行业的社会认知度得到了极大的提升，并且已经成为高学历年轻一代人心中广受欢迎的职业，但其工作的实质，是非常基础、不起眼的。

"催化剂"的性质决定其永远不可能成为"主要的物质"。而且，一旦化学反应完成，"催化剂"的使命就完成了。例如，在前面氢气燃烧的案例中，一旦火燃烧起来，那么接下来，作为"催化剂"的铂金也就不再被需要了。

我自己也曾无数次感慨"催化剂真是昙花一现啊"。

话虽这么说，如果没有"催化剂"，化学反应又没法发生或加快速度，这也是事实。

虽然是细小不起眼的存在，但是在必要的时候，又能起到决定性的作用，这才是一流的"催化剂"。

"如果没有罗兰·贝格国际管理咨询公司，这个项目根本无法顺利完成！"一起推进项目的客户公司的社长及员工们如此评价。

得到这样的评价，对我们来说是最大的快乐，也是最荣耀的"勋章"。毫不夸张地说，为了得到这样的高度评价，我们一直在拼命地工作。

虽然，有时候工作是艰辛的、严格的、冷酷的，但有时候工作又是温暖的、备受鼓舞的，甚至是充满勇气和力量的。

我怀着这样的认识，在这个行业中整整坚持了30多年。

更进一步说，如果不能对客户的大脑和内心产生影响，不能成功引起"化学反应"，那么就不应该称为一流的"催化剂"。

我们是全力支持客户，鼓舞和激励客户的"后援团"，也是一起实现变革的"同行者"。

成为一流的"催化剂"的5个坚持

第5章

第1节 没有大战略，就没有小战略

◐ 核心的大逻辑促使变革成功

前面介绍了管理咨询师要发挥"催化剂"的作用，推动和引导客户实现变革。那么在实现变革的过程中，最重要的事情是什么呢？

答案便是：看清事物的本质，制订简单而有力的变革方案，并使之成为现实。

管理咨询师要处理堆积如山的数据和信息。分析整理和逻辑推理便是管理咨询师工作中不可或缺的内容。但是有时候，管理咨询师会陷入"数据和信息的深海"，而忘记了对变革来说最本质和最重要的东西是什么。如果总是在琐碎繁杂的事情上来回反复，那么客户的变革是无法实现的。

利用"飞鸟的眼睛"解读世界潮流并形成自己的大局观，利用"爬虫的眼睛"在杂乱的现实中预测未来，并形成自己对业务的把控感。唯有具备这两个方面的能力，才能产生出推进和实现变革的"大战略"。

没有大战略，就没有小战略。唯有核心的大逻辑才能给客户带来成功的变革，而不是琐碎繁杂的小逻辑。

管理咨询工作的"5个坚持"

那么，要形成核心的改革方案，到底该怎么做？

本章中，我将针对自己平时工作中经常意识到的"5个坚持"进行说明。

① 坚持"适应性"。

② 坚持"尊重事实"。

③ 坚持"概念化、结构化、语言化"。

④ 坚持"促膝讨论"。

⑤ 坚持"重视现场"。

在我从业的30多年里，一共服务过约100家客户，参与过约200个项目。

诚实地说，其中有一些项目并没有达到我所预期的效果。项目的成功率大约为80%。也就是说，约20%的项目并没有达到我自己规划和预想的效果。

其实，我们很难用某一个标准来判断项目的成功和失败，只能用"没有达到我预期的效果""应该做得更好"为标准来判断项目是否成功。

有各种各样失败的理由，但是，如果用一句话说，那就是我没有起到"催化剂"的作用。

从这样的失败案例中，我也学到了很多。

这里介绍的"5个坚持"，也是从我的经验中总结出来的。

当然，作为管理咨询师，我们应该重视的东西还有很多。

但是，如果这5个坚持没有做好，那么我们就没有办法很好地发挥"催化剂"的作用。

下面，我将对"5个坚持"逐个做介绍。

第2节 | 坚持"适应性"

⟩ 逻辑中的陷阱

管理咨询师的工作是制订能实现变革的战略方案，并推进实施，支持客户最终实现变革。

战略也分层次，有面向和涉及全公司的大型战略，也有专注于某个事业板块或某个职能的战略，还有实际业务操作层面的战略，管理咨询师需要根据不同的层级制订与之对应的方案。

所谓战略，是要在竞争中取得胜利的方案和策略。所以，战略必须是"一定能取胜"的合理的东西。也因为如此，管理咨询师们特别重视逻辑性。大家都在极力寻求合理的理由，并以此判断如此推进项目能否在竞争中取胜。

但是，必须要注意的是，逻辑也存在陷阱。

❶ 逻辑不止一个

第一个陷阱：逻辑不止一个。

例如，即使经过合理的思考，站在供给侧（公司）的立场所得出来的逻辑和站在需求侧（客户）的立场所得出来的逻辑，两者之间是有天壤之别的。

一般来说，陷入经营困境的企业，其最大的问题是，深信自己所做的是合理的。这些企业的管理层以自己认为合理的理由来看待事物，并一味地坚持。

其实很多时候，在这个人的立场上看是极其合理的事情，放在立场不同的人的角度看，就是毫无道理的事情。

❷ 越执着于思考的合理性，越容易产生结论的"同质化"

第二个陷阱：越执着于思考的合理性，越容易产生结论的"同质化"。

其实一般来说，自己这么想的同时，别人也是这么想的。自己能想到的东西，别人也能想到。

有些方案乍一看觉得挺有道理，但实际上根本站不住脚，不过是肤浅的逻辑，完全没有形成差异化战略。

📍 因战略"水土不服"而惨遭失败的案例

接下来介绍一个案例，这个案例是我的一个客户告诉我的。

中型机械厂家E公司"直接照搬竞争对手的战略"而失败的教训

E公司是一家机械制造公司，中等规模，但却拥有独一无二的机械产品。E公司曾经委托某管理咨询公司为其制定过公司发展战略。

那时，某管理咨询公司提出的战略方向，基本上跟同行业最大的机械制造公司所采取的战略是相同的。E公司被"最佳做法"这样的话语所误导，便直接采取了相同战略。

其实，在E公司内部，对于直接照搬竞争对手战略的做法，也有很多抵抗和反对的声音，同时，也有很多人对其可实施性抱有怀疑态度。当时可以说掀起了非常大的风波。

尽管这样，经营管理层还是几乎全盘接受了自己委托的某管理咨询公司的提案内容，并尝试推行。

但是，不管公司规模，还是能力方面，E公司想要推行这样的战略都是非常困难的，所以，业务层面陷入了极大的混乱，仿佛就是战略方案在"作怪"一样。

　　结果，E公司不得不终止该战略的推行。E公司也为此遭受了惨痛的失败。

　　类似这样的情况，我称之为战略"水土不服"。

　　其实，不仅是E公司，还有很多因直接使用管理咨询公司提出的不切实际的方案而失败的案例。

　　就算是看起来特别有道理的做法，但其实，在其他公司行之有效的逻辑也能适用到自己公司的情况，基本没有。

⊙ 构建最适合客户逻辑的战略

　　我始终坚持"适应性"这一基本要素。

　　所谓"适应性"，是指在基于最适合客户的逻辑的基础上提出的"最能获胜"的方案。

　　也就是说，不要提出"通用"方案，要"专属定制"适合客户的方案。

　　"适应性"高，说明该战略方案与客户公司的特点高度契合，是可行性最高的战略方案。

　　当然，要提出"适应性"高的战略方案，必须对客户进行深入了解。但非常遗憾的是，很多管理咨询公司却忽视了这一点。

　　如果对于客户公司的优势与劣势、产品数量及品质方面的资源情况、公司的文化氛围以及公司的整体风格没有做到彻底的了解，那么管理咨询公司就不可能提出最适合客户公司的方案。

在第4章中介绍了C公司的案例。C公司基于以往的成功经验，并在此基础上尝试了"产品+服务"的全新商业模式。

C公司选择的不是"产品或者服务"的二选一方案，而是采取了"产品+服务"的方案，因为这样的方案对C公司来说，是最为合适也最为合理的逻辑。

对"适应性"的坚持，是罗兰·贝格国际管理咨询公司的执着，并且以有效的创新策略（Creative Strategy That Work）作为自己的理念。这体现了罗兰·贝格国际管理咨询公司坚持制定"兼具成果和效益的创新战略"的基本思想。

在商业领域，"一般做法""通用做法""正确做法"没有任何意义和作用。唯有让实际业务人员产生变革的决心并准备可行性的战略，才是正确的做法。

第3节 | 坚持"尊重事实"

○ 用数据说话

在构建逻辑关系的时候，最不可或缺的因素是"事实"。

不管提出多少逻辑，如果没有足以支撑它的证据，也不能称之为"逻辑"。

在BCG的时候，有个外籍同事对我提出要求"请证明它"。其实这就是他在寻求"有事实作为依据的逻辑"。

说到"事实"，很多人的第一反应是"数据"。确实，对管理咨询师来说，数据是其最有效的"武器"。

科学合理地解读客户公司的经营管理状况，并提出最适合客户的战略施策，是对管理咨询师工作的基本要求。因此，管理咨询师必须具备收集数据、解读数据、提出自己的主张和见解并加以证明的分析能力。

管理咨询师必须要养成"什么都靠数据说话"的习惯。

如何制定战略合作大方向

虽然什么都要靠数据说话，但并不是说为了说服客户就要把必要的数据全部都用上。

经常发生的情况是，越是重要的内容，越缺乏足够的数据证明。这时就需要管理咨询师在"没有数据"的情况下找到"可以证明"的方式。"因为没有数据，所以我没办法证明"这样的逻辑不是管理咨询师应有的态度。

可行的做法是，管理咨询师可以通过对终端用户的问卷调查来获取可以证明的数据和样本。这样的数据，用英语说，叫"Ballpark Figure"，指"粗略的估计和推算"。

Ballpark是指棒球场。意思是只要在球场范围内，棒球就算乱飞，也不会飞到球场外面，不会有过分离谱的事情发生。用到管理咨询领域，可以表示实际情况和推算结果差不多，不会偏离太远。

例如在之前介绍过的B公司的案例中，制订战略合作方案时，我们无法获取合作对象的详细数据。但是，我们采用了公开渠道可以获取到的数据，在定量数据的基础上加入一定的假设条件，以此推算出在不同的合作模式下可能产生的不同效果。这样的分析，对于我们制定战略合作大方向，是非常有用的。

从有关未来的征兆中梳理出战略思路

虽然我一直在强调数据非常重要，但是如果只依赖于数据也是非常危险的。

对于这样的说法，你可能会认为我是自相矛盾的。

数据是事实依据中最重要的组成部分，但不是事实依据的全部。甚至可以说，在事实依据这片"大海"中，数据只不过是其中一条小的"支流"。如果只盯着"支流"，你就无法理解整片"大海"。

对公司的经营管理来说，正是在无法用数据表现的事实背后，暗藏着可以探寻未来的线索。有关未来的征兆往往隐藏在无法用数据表现的事实中。

我一直坚持自己去客户的业务现场，用自己的双眼去看，用自己的耳朵去听，亲自去感受，以此获取"真正"的事实，然后从中去发现、总结和归纳隐藏在事实背后的内在逻辑。

仅用数据来判断事物的内在逻辑是非常危险的事情。

以能感知到未来的事实依据为基础，梳理出战略的思路，如此才能找到真正适合客户的差异化战略。

第4节　坚持"概念化、结构化、语言化"

● 思考"到脑门出汗"为止

管理咨询师终究不是推进变革的当事人，当事人终究是客户自己。

并非当事人的管理咨询师所描绘的战略方案，很容易成为不切实际的空中楼阁。类似于"管理咨询师一点儿作用也没有"的批判性论调，也正是从这样的现实中产生的。

那么，管理咨询师到底怎么做才能为客户带来真正的附加价值呢？答案是思考"到脑门出汗"为止。

管理咨询师如果想要提出具有附加价值的战略方案，实际的办法只有这一个。

我这么说可能很多人会批判我，但实际上，很多企业根本没有深入思考，或者更加确切地说很多企业认为"不用深入思考"。

当然，其中也有很多社长和员工在深入思考。很多人还沉浸在过去的思维模式中，为自己过去的成功沾沾自喜。

如此一来，新的想法、思路等具有创造性的好创意根本不可能产生。

用"智力韧劲"为客户提供附加价值

我说很多企业认为"不用深入思考"，这是我的经验之谈。

我曾经在大型电机制造公司工作过10年，在当时年轻的我看来，公司内"思考"的同事很少。现在回过头去看，我自己也是其中之一。

所以，当我入职BCG成为管理咨询师后，我经常一脸茫然。我第一次意识到，迄今为止我还几乎从来没有深入思考过。

我一直批判我的上司无知、无能，并打算自己做点什么，但那时也只是打算而已。

一家成功的公司，其组织机构和业务模式已经建立。作为员工不用思考太多，眼前的工作也能顺利完成，每个月也可以拿到薪水。

不知不觉间，整个公司陷入了"停止思考"的境地。

面对这样的客户，管理咨询师如果想要提供附加价值，那么就必须要深入思考。

客户需要的是解决所面临课题应该采取的最佳办法等，这就要求管理咨询师不停地思考这些问题，想出精妙的答案。

唯有"智力上具备足够的韧劲"，才能支撑管理咨询的工作。

需要磨炼的三大技能

管理咨询师通过不断思考，即便想出了很好的战略方案，但如果没有合适的方法将想法表现出来，也就无法很好地传达给客户。这时，需要"概念化、结构化、语言化"三大技能。

毫无例外，优秀的管理咨询师都在磨炼这三大技能。

❶ 概念化

把自己的观点和想法总结成一个"概念"或者"理念"。

将简洁的、能突出本质的、具有说服力的主要观点落实为"概念"，管理咨询师需要具备这样的总结、归纳能力。

❷ 结构化

为了证明自己的观点和想法具备合理性、妥当性，需要把相关的事实和依据"有结构地、有体系地"呈现出来。

这样自己的观点、支撑观点的依据，以及整体情况就变得非常清晰，说服力自然也就变强了。

❸ 语言化

将自己的观点和想法用最贴切的语言表现出来。

不管多么有价值的观点，如果用粗糙陈腐的语言表现出来，是无法真正触动客户并引起客户共鸣的。

这三大技能对管理咨询师来说是不可或缺的三大核心技能。

如果没有掌握"合理构建和表现自己的思考和主张"的技能，管理咨询师就没法成为一流的"催化剂"。

第5节　坚持"促膝讨论"

○ 终极的管理咨询就是"主观与主观"的碰撞

不管多么优秀的人才，仅依靠自己的"大脑"也是有局限的。所以，我一直坚持与客户进行"彻底讨论和充分沟通"，与客户公司的经营管理层进行面对面的意见交换。

我把这种意见交换的方式叫作"促膝讨论"。就好比双方坐在一起膝盖对着膝盖，进行彻底的讨论，并分出胜负。

在前面提到的B公司的案例中，为了制定出与竞争对手合作的大型战略，我们差不多每两周就会进行一次与B公司社长长达

2~3个小时的会议。在会议上，双方对我们分析得出的事实和假说进行深入讨论。经过多轮当面沟通和讨论，最后形成了合作的方向性策略。

不仅限于B公司的案例，我还经常收到各大公司经营管理层发来"我希望和你稍微沟通一下"的邀请。

虽然说是"稍微沟通一下"，但实际上，一般会花上3~4个小时。对我来说，能够成为各大公司经营管理层的"讨论伙伴"，我深感荣幸。

就好像，拳击运动有陪练，乒乓球训练有训练墙一样，意见的交换也需要有"陪练"的对手。

不管多么优秀的企业管理人员，仅靠自己一个人的头脑去思考问题，终究会有思路穷尽的一天。

在公司内部虽然也可以找到"讨论伙伴"，但是敢于和自己的社长面对面并唇枪舌剑的人，是非常少见的。而且公司内部人员的思维方式很大程度上已经被"同质化"，即便是一起讨论，也很难形成有效的刺激作用。

对于当"讨论伙伴"这件事，我是非常认真对待的。

讨论的时候，我可以直接抛出我的"主观"观点，作为对手的社长，也可以直接用自己的"主观"观点进行反驳。对对手来说，他也并没有期待我会给出"客观的意见"或者"类似评论家的观点"，他不过是想听听我的观点。

我认为，终极的管理咨询就是"主观与主观"的碰撞。

"催化剂"真正的附加价值，也是从"促膝交谈"的讨论中产生的。

如何促使客户接受方案

"促膝讨论"对客户来说是逐渐接近最佳方案的一个方法和过程，也是客户心理上逐步接受最佳方案的过程。

其实经营管理中的战略都不过是"假说"。

不管你用多么严密的逻辑，也不管你用了多少事实依据，从中产生出来的"战略"都逃不出假设的范畴。

制定出合理且独一无二的战略固然非常重要，但最后都得落实到实际执行上。

也就是说，如果客户不打算执行或者没有意愿执行，无论多么优秀的战略，最终都是没有结果的。

"适应性"高的战略都具备合理性、可行性、可接受性这三大因素。其中最为重要的是"可接受性"。客户公司的社长和员工经过充分的讨论，是否下定决心打算执行，直接关系着变革的成功与否。

在之前介绍的D公司业务变革的案例中，最初，实际负责业务的现场员工对变革方案是抱有怀疑态度的。业务的变革，在社长自上而下的要求下开始进入执行阶段。但是，现场员工还是因工作繁忙对变革方案颇有不满。在那种情况下，罗兰·贝格国际管理咨询公司常驻客户现场的咨询顾问，每天都要和现场的业务骨干进行反复讨论。他们将分析的结果展示给对方，并与对方沟通如果想要提高生产力和工作效率应该怎么做才好，并引导现场员工从自己能改善的环节进行改善。也是从这个时候开始，客户公司的项目成员的眼神和表情才开始有了变化。

以前D公司的员工们总是有各种各样不能执行的理由，后来，员工们慢慢地开始思考自己应该怎么做。

项目成员们也开始接受业务变革的必要性，并逐渐建立起"自己必须要做"的责任感和当事人意识，并拥有了"自己也能做好"的信心。

第6节 | 坚持"重视现场"

● 坚持"重视现场"的理由

某个公司的社长曾评价我："远藤功是现场的好伙伴。"

听到这样的话，我的第一反应是："原来大家是这么看我的啊。"

确实，比起在客户的总部会议室里与严肃的经营管理者们进行讨论，我觉得业务现场更加快乐，更加让我激动。我对业务现场是真的非常喜欢。

但是，我并不是盲目的现场主义者，我也认为，如果放任不管，业务现场会一片混乱。

业务现场往往有自己的"惯性法则"和固有流程，基本上来说，想要改变现场比较难，想要推行新的东西也很难。日常业务中追求稳定，一旦发生变化和调整就会伴随风险，并且还会出现抵抗的力量。所以，对现场来说，什么都不变才最不会招致非议，也是最轻松的做法。

即便这样，我还是坚持认为，对日本企业来说，业务现场非常重要。因为，日本企业的现场隐藏着"现场力"这一潜在能力。

现场自主地发现问题、解决问题，这样的现场组织能力被称为"现场力"。

这一点在其他国家的企业中是非常少见的，正因为如此，我觉得现场力是日本企业固有的竞争优势。

为了能在激烈的国际竞争中取胜，日本企业需要唤醒和挖掘自己潜在的"现场力"，并将其培育成自己的核心竞争力，这才是最合理的路径。

现场的工作人员才是变革的当事人

不管多么合理的战略方案，如果不能执行并产生成果，都是毫无价值的。当然，没有执行或者无法执行的战略方案，也不能称为合理的方案。

那么，到底谁才是执行层面的当事人呢？

毫无疑问是现场的工作人员。

只有现场的工作人员理解了公司希望达到的目标和前进的方向，接受并理解它，产生共鸣，才能期待他们充分发挥自己的作用。如果不这样做，战略目标不可能实现。

当然在实际执行过程中，现场的工作人员肯定会遇到很多阻碍和困难。这个时候，就是检验公司现场力的时候了。

现场的工作人员能利用自己的智慧，坚持不懈地打破壁垒，消除障碍吗？还是说，现场的工作人员囿于障碍和壁垒而放弃执行改革方案？变革成败的关键就在这里。所以，我非常重视战略的"可行性"。

我会亲自到现场，了解客户的现场力到底如何，并在此基础上研讨和决定战略的方向。

如果客户具备卓越的现场力，那么就算是难度极高的战略方案，他们也能很好地执行下去。但是，如果客户的现场力不高，我就不得不基于现有的水平去制订适合当前状况的战略方案。

在很多管理咨询项目中，我都会在现场举行演讲或者开展研修学习，并且对现场人员讲述现场力的重要性。我这么做，是为了能准确判断和把握客户真实的现场水平。

在推行业务变革的D公司的案例中，我也曾面向客户公司的管理人员举行了演讲，普及和讲述现场力的重要性。很多人都有感于我所提出的现场力的问题，并且最终提高了自己的意识。通过与现场的工作人员的交流沟通，我感受到了D公司现场潜在的热情和动力。

战略的可行性，不是在战略制定出来后才讨论和考虑的问题，是在战略制定过程中应该充分考虑并确保的因素。

"宏观战略+微观战略"能体现真正的差别

我如此坚持"重视现场"，还有一个原因，那就是现场还隐藏着全新战略的线索。

我在前面已经提到，对制定战略来说，数据分析是非常重要的。想要实现科学的经营管理、制订合理的战略方案，数据肯定是不可或缺的。

但是，数据体现的不过是过去的结果，是已经发生的既有事实。以过去为基础预测未来固然重要，但是如果想要创造与过去不一样的全新未来，过去的数据可能会成为你思考的阻碍。

在前文提到的C公司希望开展新业务的战略咨询案例中，我们对终端用户做了彻底的采访。我们访问了几十个终端用户，直接向他们询问，甚至直接到终端用户的现场去亲自观察。

在访问中，我们发现了新业务的"萌芽"，并探寻到了创造全新服务的可能性。这就是"爬虫的眼睛"的威力。

通过这种接地气的方式制定出来的战略，我称之为"微观战略"，是指利用"爬虫的眼睛"，在业务现场仔细观察，用自己所发现的未来的可能性而制订的战略方案。

真正的差异正是在大家都容易忽视的"细微感受"中产生的，正所谓"战略藏在细微处"。

在本章的开头，我曾说到"没有大战略，就没有小战略"。我想表达的是，引导企业实现变革的主体战略是不可或缺的。

但是，在作为"主干"的大战略之下，一定会有很多细小的"根茎"。这些细小的"根茎"就是小战略。这些小战略，才是差异的源头。

利用"飞鸟的眼睛"观察到的具有大局观的"宏观战略"，以及利用"爬虫的眼睛"而捕获到的适用于现场的"微观战略"，一起构成了战略的与众不同和不可模仿性（图5-1）。

如果只是趴在办公桌前盯着电脑工作，是不会发现微观战略的线索的。只有亲临现场，深入观察，才能发现现场隐藏着的"未来的征兆"。

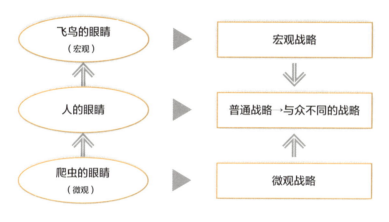

图5-1　宏观战略+微观战略，让战略与众不同

在第1部分的最后，我想站在客户的角度，为大家介绍如何巧用管理咨询服务。

与我刚入行的30多年前相比，现在日本企业使用管理咨询服务的现象已经非常普遍。而30多年前，日本只有很少一部分"愿意尝鲜"的企业使用管理咨询服务，而且还不敢大胆地使用。

也有很多公司一年到头都在使用管理咨询服务，但企业的经营却越来越糟糕。

企业忘记了"用自己的大脑思考"这一基本原则，而对管理咨询服务产生依赖，甚至"中毒"的公司也不在少数。

迄今为止，我服务过大约100个客户，参与过大约200个项目。基于我的经验，企业对管理咨询服务的使用方法不同，其结果也大相径庭。

能够充分利用外部力量的公司很多，当然，也有对外部力量使用不当的公司，还有很多公司的使用方法是错误的。

在此，我将介绍巧用管理咨询服务的六大要点。

要点1 必要时使用，非必要时不用

如果你要自己做饭，那么就需要一把好用的刀具；如果你不自己做饭，那么就不需要刀具。

当经营管理中需要进行5年一次或10年一次的大变革时，使用外部的管理咨询服务会非常有效果。

像我之前介绍的那样，在欧美国家，当公司面临业务变革的时候，使用外部管理咨询服务是一种常识。仅依靠公司内部的力量来推进业务变革，是不合理的。

当需要确保客观性、合理性和推进速度的时候，企业就必须启用作为"外部人士"的管理咨询师。

过度地依赖外部管理咨询师是愚笨的，但不使用外部管理咨询师也是愚笨的。

而且，时代赋予管理咨询师的使命也在发生变化。

以往，管理咨询师需要解决的课题都比较明确。但是，在当前这个变幻莫测的时代，客户到底哪里有问题、问题是什么，都难以弄清楚。这种情况真的是前所未有。

也正是在这样的时候，"催化剂"的作用才能体现出来。管理咨询师已经从以往的"解决问题"的角色进化到了现在"发现问题""设定问题"的角色。

要点2　要将管理咨询服务当作投资

聘用外部管理咨询师需要花费很大一笔费用。如果把这笔费用当作成本考虑，很可能会因为成本原因而犹豫不决。

但是，公司处于业务变革时期的，聘用外部管理咨询师，其实就是投资。

如果能巧用管理咨询服务，投资回报绝对不会少。这样的案例，我见过很多。有因新业务开展成功而创造巨大收益的公司，有因业务变革而成本大幅下降的公司，有以很快的速度实现业务变革的公司，虽然投资带来的回报有滞后性，但是绝对会给公司带来巨大的经济回报。

所以，不应该在投资上犹豫不决，重要的是，应该考虑怎么做才能获得远高于投资的收益回报。

要点3 "目的"和"是否适合"分开考虑

每个公司都有自己独特的企业文化和工作氛围，管理咨询公司也一样，也有自己独特的风格和特点。

管理咨询项目中会经常发生"人"与"人"之间的意见碰撞。为了选择一家适合自己的管理咨询公司，一般的做法是让多家候选公司来提案，进行竞争。我们把这种竞争称为"选美"。

除了"适合"自己的企业，还有必要正确认识各家管理咨询公司的专业性。

像我在要点1中所说的做饭需要刀具，例如做生鱼片需要生鱼片专用刀具，切肉需要切肉专用刀具。

结合项目的目的和主题，选择最适合该项目的合作伙伴是最为重要的。

要点4　与合适的管理咨询公司要持续合作

要点4看起来和要点3好像是矛盾的，但是一旦找到一家适合本企业的管理咨询公司，长期持续合作是上策。

因为你了解那家公司的历史和背景，知道他们的文化和"体质"，那么他们提出的方案和咨询意见的妥当性将大大提高。

我自己就拥有好几个长期客户，他们在遇到困难的时候会找我沟通，我也非常乐意为他们提供帮助。

其实任何工作都一样。如果管理咨询师有动力，自然就能更好地服务于客户。

要点5　高层管理人员亲自参与

我曾经参与并取得重大成功的项目都有一个共同点，那就是客户公司的高层管理人员亲自参与，并在项目上投入精力和时间。

高层管理人员还需要与管理咨询师保持高度频繁的接触，并确保与管理咨询师面对面沟通的时间。一方面，管理咨询师可以直接听取客户高层管理人员的真实想法。另一方面，客户的高层管理人员也可以直接了解到管理咨询师的意见。通过双方不断的沟通和交流，可以灵活地对战略方案进行调整，最终在不断修正中把变革推向正确的轨道。

相反，那些不能取得预期成果的项目，虽然没有项目推进小组，但是高层管理人员参与的频度非常有限。

所以，不要把项目全部扔给项目推进小组，高层管理人员自己也要高度参与，把管理咨询师当作自己的"讨论伙伴"，这是让企业变革走向成功的一条捷径。

要点6　把员工放在变革的"前线"

对于聘用管理咨询师的变革项目，一般来说，在中间进度汇报会和最终结果报告会上，管理咨询师都是发言主体。

最近，由实际推进业务的社长或员工，也就是项目实际负责人向自己公司的经营管理层进行汇报的案例越来越多。我也推荐这么做。

管理咨询师可以充当"编导"和"导演"，但是实际负责项目的社长或员工来汇报的话，绝对可以提高他们对项目的投入度和参与度。

当然，在内容方面，如果作为"外部人士"的管理咨询师来汇报更好一些，我们义不容辞。因为，"切中要害"和"直言不讳"地指出问题是我们的任务。

重要的是，通过项目分工，让相关人员密切参与其中、深切感受，并一起强有力地把项目推进下去。

知识要点

管理咨询职业的诞生

▷ 大多数的管理咨询公司都诞生于20世纪20年代以后的美国。当时，美国开始出现大型企业，对企业经营管理的要求越来越高。同时，商业管理学校人才辈出。在这样的经济和社会环境下，管理咨询师这一职业应运而生。

▷ 管理咨询公司不是综合型企业，而是专业型公司。也就是说，管理咨询师必须专业。

▷ 有的管理咨询公司，通过兼并和收购，建立起了巨大的商业帝国。同时，专注于某一领域的精品型管理咨询公司也在行业中不断深耕。

管理咨询师的价值

▷ 在欧美国家，当企业面临重大变革的时候，聘用作为"外部人士"的管理咨询师，是一般性的常识。仅依靠企业内部成员来推进企业的变革，被认为是不合理的。

▷ 管理咨询项目是需要企业高层管理人员参与的项目。在关系到未来前景的极其重要的时刻，企业应该聘用管理咨询师。管理咨询师必须成为"变革的专家"。

▷ 企业要想变革顺利进行，需要找到"正确的穴位"。深入分析客户的特点和状况，找到"正确的穴位"，强有力地按下去，这才是管理咨询师的工作。

▷ 管理咨询师是有别于企业内部员工的"异体"，这是管理咨询师能提供附加价值的来源。因此，管理咨询师必须保持自己的独立性、客观性、专业性。

▷ 管理咨询师的工作本质如同"催化剂"，要在客户内部引起"化学反应"，并加速反应，帮助客户最终实现变革。

▷ "催化剂"的使命是推动和激发客户。管理咨询师必须肩负两个任务——确定变革的方向，激发客户的行动力。

▷ 对管理咨询师来说，最重要的事情是看透事情的本质，提出简洁明了又切中要害的变革方案。没有大战略就没有小战略。

▷ 作为"催化剂"，我一直强调的"5个坚持"是坚持"适合性"、坚持"尊重事实"、坚持"概念化、结构化、语言化"、坚持"促膝讨论"、坚持"重视现场"。

▷ 用"飞鸟的眼睛"去发现宏观战略，用"爬虫的眼睛"去发现微观战略，两者兼备才能产生真正差异化的战略方案。

▷ 越是在前景不明的混乱时刻，"催化剂"的作用越大。管理咨询师必须要从"解决问题型人才"进化为"发现问题型人才"和"设定问题型人才"。

巧用管理咨询师

▷ 完全依赖管理咨询师是不明智的做法，但在变革关键时刻不聘用管理咨询师也是不明智的做法。巧用管理咨询师，可以加快企业变革，并获得很大的收益回报。

▷ 巧用管理咨询师，必须把握以下6个要点：

1. 必要时使用，非必要时不用。

2. 要将管理咨询服务当作投资。

3. "目的"和"是否适合"分开考虑。

4. 适合本企业的管理咨询公司要持续合作。

5. 高层管理人员亲自参与。

6. 把员工放在变革的"前线"。

▶ 第2部分

如何成为一流的
管理咨询师

成为一流的管理咨询师必须具备的条件

第6章

管理咨询师变得越来越重要

在第1部分，我谈到了管理咨询师的价值。

单从我从业30多年的经历来看，管理咨询师提供的服务的价值、服务范围和工作内容其实是会发生很多改变的。

当然，任何工作都会随着时代的进步、客户的需求而发生变化，如果不能与时俱进，工作就会失去价值。管理咨询师的工作也会随着时代的需要而不得不发生改变。

但是，管理咨询师作为"催化剂"的工作的本质是不会发生变化的。

其实，在企业变革越来越复杂、难度越来越高、变化越来越多的今天，管理咨询师也越来越重要，也就是说，兼具独立性、客观性的"外部人士"非常重要。

在客户即将实施变革的重要时机，管理咨询师作为"催化剂"发挥自己的作用，引起"化学反应"，担负着支持变革实现的任务。

管理咨询师应使用所有的方法和手段，激发客户的积极性，让客户心有所动并愿意付诸行动，帮助客户推进变革完成。这是管理咨询师永恒不变的使命。

工作的本质

第2部分，我将围绕着如何成为一流的管理咨询师和客户理想中的管理咨询师是什么样的等问题进行说明。

要求"变革专家"完成的两大任务

如前所述，一流的管理咨询师可以激发客户的积极性。这是管理咨询师的使命。而要做到这一点，管理咨询师必须完成以下两项任务。

① 确定变革的方向。

② 激发客户的行动力。

在支持变革的意义上，这两项任务是一体的。但是，其本质却又完全不同，要求具备的资质和能力也不一样。

❶ 确定变革的方向

在确定变革方向的时候，主要需要的是智商。

运用左脑智慧，通过逻辑分析和周密的推理，彻底探究找到最合适的解决方案。

人们普遍认为，管理咨询师从事的工作是使用左脑的。确实，如果没有足够的智商，是做不了管理咨询师的。

但是，管理咨询师的工作绝不是仅靠智商就能完成的。

这是管理咨询师的工作让人感到棘手，又让人觉得有趣的地方。

❷ **激发客户的行动力**

一旦确定了变革的方向，要让客户朝着正确的方向发展，关键在于情商。

如果说智力是思考能力，那么情商就是感知能力。

能够敏锐地感知客户的感觉、情绪和心情，并在亲近客户的同时把控客户的情绪变化，这需要很高的情商，或者说"右脑的智力"。

无论管理咨询师想出多少合理的方案，如果客户不接受，不能触动并激发客户付诸行动，作为"催化剂"的使命就无法完成。

所以，管理咨询师必须具备理解客户心情、与客户拉近距离，并引导客户采取行动的感知能力和专业技能。

➔ 利用智商和情商激发客户

如果把管理咨询师定义为"战略专家"，可能只需要高智商就可以应对工作；如果只要求通过合理的逻辑推导得出合适的答案，并把答案放在客户办公桌上，那么即便是仅有智商，也可以解决问题。

但是，我认为管理咨询师的工作必须是"变革专家"，鉴于此，仅有智商是绝对不够的。

在麦肯锡公司担任多年项目总监的名和高司先生，曾经在自己的著作中写道："提案的最终目的，还是希望能将客户引导至实际执行阶段。就算你靠气势说赢了客户，如果没能引起客户共鸣、激发客户付诸行动，也是没有结果的。"

对这样的说法，我深表赞同。

如果智商、情商不能并用，就不可能让客户心有触动并愿意行动起来的。

第2节 | 作为专家的自我觉悟

○ 平衡使用智商、情商

更加棘手的问题是，智商和情商不能单独使用，而是"你中有我，我中有你"，两者平衡使用，才能真正激发客户，让客户行动起来（图6-1）。

例如"确定变革的方向"时，并不是全靠逻辑推论就可以解决的。

如果光靠逻辑，那么推导出来的结果终究还是平庸无奇的内容。只有加入对于未来的直觉和灵感，才能将战略变得生动且具有创造性。

在"激发客户的行动力"的层面，不仅需要理解客户的心情、亲近客户，必要的时候还必须勇敢而严肃地直面现实，用严密的逻辑去挖掘和分析事实。

因此，不能单纯地把"确定变革的方向"和"激发客户的行动力"分别看成是靠智商或情商能完成的工作。

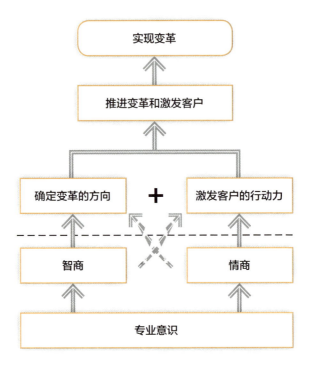

图6-1　要求管理咨询师必须具备的条件

⦾ 关键不在大脑，而在意识

那么，如何运用智商和情商的平衡来达到"推进变革和激发客户"的目的呢？

实际上，关键不在大脑，而在意识。此处的意识是指作为专业人士的自我觉悟。

其实，管理咨询工作属于服务业。

管理咨询师既不是永远追寻真理的研究人员，也不是科学家。他们是通过向客户提供服务，得到客户评价，并获取对等报酬的服务提供商。

管理咨询师要时刻坚持"让客户取得成功、发生改变"的"单纯的服务意识"，并正确认识到自己需要为推动客户成功而尽全力履行自己的职责。这样的意识是"专业意识"。

只有具备了这样的自我认识、责任感和拥有这样的心态，才能把握住管理咨询工作的根本。

也就是说，能"激发客户的行动力"的一流管理咨询师必须具备的三大条件，可以用下面这样的公式来表示。

智商×情商×专业意识=一流的管理咨询师

无论拥有多么高超的智商，也不管拥有多么高超的情商，如果没有专业意识，也不可能成为一流的管理咨询师。

作为"外部人士"，管理咨询师要经常意识到自己应该做的事情和才能做的事情，唯有这样才能帮助客户实现变革。

如何具备改变氛围的能力

在第1部分我曾介绍过，在我的职业生涯中，非常幸运地遇到两位真正的管理咨询师——堀纮一和罗兰·贝格。

这两位管理咨询师无论智商还是情商都特别高。如果光看智商或情商，那么其他人可能也能与他们两个人媲美。但是，我觉得他们之所以能成为与众不同的真正的专家，其根源在于他们杰出的"专业意识"。

现在很多人空有管理咨询师的名头，实际上完全无法被称为专家，而他们两位却是真正的专家。

他们以结果为导向，知道自己所处的位置，并致力于在达成成果的过程中发挥自己的作用。他们还会真心地亲近客户，必要时也会严肃地与客户进行交涉和探讨。

对客户有用的事情，就算客户厌恶，他们也会一针见血地指出问题。

相反，面对困境中的客户，他们鼓励客户，绝不会以悲观的态度对待。他们总能探寻出对客户最合适的方法，并从心里坚信客户一定能从逆境中走出来。

他们虽然性格和喜好不一样，但是，他们在客户面前却都有着强大的气场，总能通过适当的办法让客户心有所动并付诸行动。

他们以纯粹的服务精神规范着自己的言行，以此感染着客户。

一句话说，能"改变空气"的管理咨询师，才是真正专业的管理咨询师。

如果缺乏"专业意识"，不管你的智商、情商多高，都没有任何作用。

能让大脑活动起来的，终究是"意识"。

锻炼和使用大脑的技法

第1节　为什么公司会脱离理性经营的模式

如何给出合理的方案

对管理咨询师来说，"思考"就是工作。

管理咨询师必须全面地思考如何才能帮助客户实现转型，最合理的战略方案是什么。

在以理性为前提的商业世界里，要想说服客户，管理咨询师必须要利用左脑的智慧，提出合理的建议，给出合理的方案。

我认为自己也是擅长左脑思考的人。我喜欢分析和推理，喜欢探究事情的本末，如果方案没有足够的依据就无法说服我自己。

不过，同样是善用左脑的人，其能力是各有不同的。

在BCG，我遇到了很多特别聪明的人，他们的大脑运转速度特别快，你说了开头，他们就能理解你想说的所有的话。我和他们相比，大脑的运算速度简直相差一个数量级。

当然，面对他们，我感到压力很大，也非常不安。

通过训练，大脑的智力水平在一定程度上可以得到提升。

即便没有与生俱来的天才头脑，通过努力，也可以获得足以应对管理咨询师工作的智力。

在第2章中我曾介绍过，我刚进入BCG时，负责了很多外资客户的小项目，其实这些小项目对我来说是非常难得的训练机会。因为外资客户委托的项目，基本都需要用逻辑和事实去证明。在这样的项目里面，不可以加入自己的直觉和感性判断。我需要通过大量的数据分析，从中精炼出客户需要的信息，并建立严密的逻辑。

如何利用逻辑思维？如何用数字和事实来证明结论等问题？这些实际项目的实践，都训练并提升了我的智力。

很多公司开始失去理性

那为什么管理咨询师需要思考的能力呢？因为有很多公司，不知从什么时候起就开始失去了理性。

追求盈利的公司不具备理性思考的能力是不行的。如果不经过全面的思考，并拿出一个最优方案且正确地执行，就无法确保公司能达到经营上的收益和成功。

但是，很多公司总是会在某个时间开始失去理性，最后，不合理竟然成了公司的常态。

尤其是曾取得重大成功的大企业，这样的倾向更加明显。他们往往更加重视公司内部的资源协调和人际关系，完全没注意到公司是否与外部环境同步，或者说即便注意到了也可能会选择视而不见。

我加入管理咨询行业之前，曾在工作过10年的某大型机电制造公司发现了这个问题。尽管该公司人才济济、技术过硬，但业绩一直不理想。原因之一是，他们拓展了自己并不擅长的业务领域，没能确保自己的经营理性。因为拥有先进的技术，所以该公司能生产出像样的产品。但是，能制造产品和能取得事业成功是两码事。而且，大量的事业项目需要投资。如果项目经营失败，会导致投资无法收回，最终造成公司亏损。我作为一个普通员工看来，这都是毫无胜算的做法，可以说是"毫无谋略"。我只能说，这是一家"没有理性经营策略"的公司。

公司失去经营理性的四大原因

其实不仅这家公司如此。只要是公司这样的组织，总会在不知不觉间失去经营理性。

如果不能确保理性经营，经营就不会成功。不知何时，公司就决定了一些不合理和不合逻辑的项目。

最糟糕的是，尽管如此，公司管理层还认为自己所做的事情是合理的。执着于自己认为的"合理"，其实是最没有理性的事情，也是最不合理的事情。但是作为公司的经营者，很多人并没有注意到这一点。

那为什么公司会失去经营理性呢？

原因各种各样。但是究其主要原因，大体可以分为以下4种。

原因1 忽略了本质上最重要的东西

——证明依据不足，迷失在细枝末节中

首先第1个原因是，管理层忽视了对于公司成长和发展来说最重要的战略，陷入无关紧要的细枝末节中。

其实，任何一家公司都有着各种各样的课题。虽然，所有的课题都需要解决，但是不同的课题有不同的优先顺序。

如果将基本的经营问题搁置不管，就算在其他问题上花费再多的时间和精力，公司的经营状况也不可能得到根本性的改善。因为没有对课题进行充分的分析整理，所以解决效果也不明显。

在某些情况下，公司的管理问题会被公司内部视为禁忌或不可触及的"神圣之处"。还有一些公司，虽然已经意识到问题所在，但是仅依靠公司内部人员改善，总是无法有好的结果。

真正重要的课题往往特别简单。所以，患上"近视眼"的客户忽视了这些重要的基本的、简单的问题。

对管理咨询师来说，在管理咨询项目中通过充分的整理和分析，引导客户发现和理解对自己重要的课题才是最根本的。

找到事情的本质，再通过彻底的逻辑分析和思考寻求合适的解决方案。我把这样的做法叫作"本质思考"。

如果不触及最根本的"主干"问题，只追求一些细枝末节的逻辑分析，就无法从根本上解决问题。

原因2 大逻辑被小逻辑打败
——陷入业务部门眼中的"局部最优"

第2个原因是，局部胜过整体。在小逻辑的面前，大逻辑被忽视了。

例如，一般来说很多实行事业部体制的公司的事业部的力量是非常强大的。而且，每个事业部都有自己的基于以往成功经验的道理和逻辑。但是，这不过是基于事业部视角的局部逻辑，而不是符合公司整体情况的逻辑。

如果公司有一个有魅力的管理者，他会发挥公司凝聚力的作用，纠正局部逻辑强大的情况，使公司整体朝着"全面优化"的方向发展。但是，如果管理层凝聚力弱，声势较大的"局部优化"将会成为常态。也就是说，公司管理者失去了对公司整体战略的控制权。

我们都知道，部分的集合，绝不是整体。

尽管如此，把公司作为一个整体来考虑的大逻辑却往往会输给各业务单元的小逻辑。

原因3 仅执着于"现在"
——"未来逻辑"输给"眼前逻辑"

第3个原因是,经营管理者只追求眼前方案的合理性,陷入短浅的判断和决定中。经营管理者应该面向未来,勇敢挑战,不断创造新的价值。

同样是逻辑,也分为"眼前逻辑"和"未来逻辑"。现在看来最合理的事情,在未来却不一定是合理的。如果一直优先眼前的事情,那么总有一天你会变得只追求"当前最优",而不敢为未来冒险。

作为经营管理者,需要为了未来不断投资,但如果局限于眼前利益的最大化,公司在未来就会陷入控制投资、收缩资金的窘迫局面。

如果优先"现在",那么更重要的"未来"将会被忽视。

原因4 不追求与众不同
——"能做的事情"优先于"能取胜的事情"

第4个原因是,经营管理者没有选择对公司来说最合理的方案。

我在第5章曾讲过,在制定公司战略的时候,必须坚持"适应性"。选择对企业来说最合适也最可能实现的战略方案，才是最合理的决策。

也就是说，企业的战略方案必须是"与众不同的独特答案"。

对其他公司来说合理的方案，对自己公司不一定是合理的。但是，有很多公司会选择看起来不适合自己公司的"一般答案"。

例如，具有较大成长空间的新业务，对市场来说确实是非常有魅力的。但是，如果有的公司以"自己也拥有这方面的技术"为由而轻易决定开展此方面业务，这样的经营决定不能说是合理的。

我之前就职的某机电制造公司的做法就是如此，经营管理层会让"能做的事情"优先于"能取胜的事情"。

实际操作方面也是如此。

最近，日本企业提出了"最佳实践"和"行业标杆"等经营理念。很多公司盲目地与其他公司进行比较，并模仿其他公司的做法，最终导致经营失败。

当然，学习和参考其他公司的做法是非常重要的。但是，单纯模仿是停止思考的表现，这样下去的话，经营管理中不可能产生有利于公司发展的合理想法。

管理咨询师可以帮助公司"找回理性"

一旦公司失去经营理性，光靠公司自己去找回理性是非常难的。

公司对现状和课题的认识不足，就会被眼前的事情所左右。

而且，不同部门、不同立场的人，都有自己的想法和主张，内部人员往往没办法达成一致。在我看来，员工一定会因为一些细枝末节的事情而争吵，因为大家都认为自己的想法是正确的、合理的。

这时，公司应该合理利用能站在客观立场给出建议的管理咨询师来解决问题。

对于失去理性的公司，帮助客户找回合理性，是管理咨询师工作中非常重要的一项内容。并不是说管理咨询师拥有能让客户的变革取得成功的答案或解决方案，管理咨询师的工作是跟客户一起探究"怎么做最合适"，从中找到最佳解决方案，并支持客户付诸实践，将改革方案落实到执行层面。

作为"外部人士"，管理咨询师工作时最大的"武器"是客观的逻辑。管理咨询师不会被客户公司过往的成功经验和公司内的思维定势所束缚和制约，只探索对于客户最为合理的解决方案。

至少在项目初期阶段，管理咨询师要彻底地进行逻辑推论。这个过程包括收集各种各样的数据和资料，进行多维度多层次分析，从中找出最合理的方向，并进行反复讨论和证明。

经过多次商讨，管理咨询师要慢慢地帮助客户回到合理的经营管理模式中。真正的合理性是通过反复的思想碰撞和真正的讨论来确保的。

第2节 | 逻辑思维的陷阱

● 管理咨询工作不能仅依靠逻辑

管理咨询师通常被认为是逻辑思维的缩影。

身为管理咨询师，我们确实非常看重用逻辑思考问题，并为了证明逻辑的准确性和合理性而不断提高自己的分析能力。

但是，对商务领域来说，逻辑并不是万能的。逻辑中其实有很多"陷阱"。

前面介绍过我在BCG刚担任管理咨询师的时候，负责的很多项目是外资客户委托的小项目。但是，那时我经历过一件事，让我觉察到在进行管理咨询工作时"仅依靠逻辑"的可怕之处。

用逻辑分析推论出来的结果，乍一看确实非常有道理，但是对客户来说其实并不一定是最合适的解决方案。

在此，我给大家介绍一个案例。

外资消费品厂商F公司用逻辑数据推导出来的"定价策略"真的合理吗?

这是外资消费品厂商F公司关于市场策略的项目。

F公司的某款商品在日本市场一直保持市场占有率第一的状态。但是在竞争对手的不断追赶中,F公司的市场份额逐渐减少。

日本竞争对手采取的策略是,与F公司相同质量的产品以低于F公司的价格进行销售。

当时,F公司正在思考是否需要追随竞争对手采取降价策略。

我们用"共轭分析"的方法测算了F公司的定价策略。这种分析方法综合分析了产品的性能、质量、影响力和价格,是一种寻找"最佳组合"的分析方法。

我们没有做大规模调查,而是选取了能达到可信度要求的最少样本量,通过访谈进行数据和意见收集,并在此基础上进行反复分析。

分析结果显示,就算F公司降价也不能挽回太多的市场份额,反而会造成公司收益的下降;相反,就算仍然维持现有价格,市场份额的减少也没有想象中那么严重。

基于这样的分析结论,我们提出了"不应该对价格进行调整"的意见。

F公司在日本的公司社长，对于我们所呈现的能显示价格和销量的关系以及价格和收益的关系的图表特别感兴趣，显然这对他的冲击力也是巨大的。F公司最终也采取了我们的建议。

　　但是，我总感觉到不安。

　　如我们的分析结果所说，F公司即便不调整价格，市场份额也不会减少太多，并且能确保收益。

　　但是，我们的分析结果终究只是一种假定结论。如果竞争对手的市场策略改变或者终端用户的选择发生变化，我们所做的分析的前提条件也就不成立了。

　　实际上，后来的事实证明，我的担心并非多余。

　　F公司没能阻止市场份额减少，几年时间里不但丢掉了日本市场份额第一的宝座，还一下滑落到第三位。

　　我们的咨询建议以失败告终。

超越表层逻辑分析的大局观与洞察力更加重要

　　为何我们没能阻止F公司的市场份额减少呢？

　　我们收集了足够多的数据和信息，进行了彻底的分析，并从中建立起合理的逻辑。分析的思路是这样的：

根据分析，该商品的价格并没有太大的弹性调整空间

↓

所以，就算下调价格，市场占有率也不会提升

↓

价格下调后，如果市场占有率不提升，收益就会下降

↓

所以，坚守价格，用促销措施挽回销量才是良策

我们根据推论的逻辑，给F公司的社长递交了方案。但是，在这个逻辑里，好几个方面的前提条件都是经不起严格推敲的。其中一个，就是没有摸清竞争对手接下来的动向。

后来，F公司最大的竞争对手给出了比原来更低的价格。为了占据市场占有率第一的宝座，该竞争对手对市场发起了无法回击的全面攻击。

我们在分析的时候，虽然预想了其他公司会有一定程度的价格下调，但是竞争对手的竞争方法显然超过了我们当时的设想。

而且，在项目开始的时候，我们被F公司在日本的公司社长关于"不想降低收益"的言语束缚了自己的思路。

我们也理解对日本的公司社长来说，面对总公司已经定下来的明确的收益目标，要放弃短期的收益肯定也是无法做到的。

但是，竞争对手却选择了放弃短期收益，重点攻占市场的策略。

面对这样的攻势，我们能用的有效的对抗手段真的不多。

现在回过头来想，如果当时我们采取牺牲一些收益来确保市场占有率第一的策略，没准竞争对手又会采取别的攻击措施。

管理咨询师必须要进行逻辑思考。数据分析也是必不可少的工作手段。合理科学地思考问题，是我们必须坚持的态度。

但是，如果基于过去或者目前的数据分析，就算构建了足够合理的逻辑，也不可能从中发现未来。

能超越表层逻辑分析的大局观和能看穿市场变化的洞察力，才是管理咨询师工作中最重要的能力。

第3节 | 坚持活跃的创新思维

➤ 表达的内容是否有吸引力

逻辑的陷阱，不仅在于"现实不会照着教科书上的道理推进"，更加可怕的陷阱是"虽然道理讲通了，却没有意思"。

刚当上管理咨询师的时候，我非常辛苦。

在BCG做项目时，合伙人井上猛对我提出的意见，直到现在我还记忆犹新。

"你写的内容没有错误，但是也没有意思。"

这段话深深刺痛了我的心。同时，我自己也赞同这句话。

我写的内容有逻辑，所以，谁也没办法反驳我或者否定我，但是却缺乏独一无二和令人惊喜的内容。

我意识到了自己的缺点。不知道是因为曾经在大型企业工作已经养成了固定的思维模式和习惯，还是自己被常识所束缚，我的大脑中难以涌现出大胆的创意和想法。

井上猛一下看穿了我的弱点，我无力反驳。

结局当然是，我对那个咨询项目没有多大的贡献。

虽然被指出报告"没有意思"，但是自己怎么做也想不出来有趣的想法，这个项目就这样结束了。

● 掌握创造性思维

现在对管理咨询师提出的要求是，要具备超越逻辑思维的创造性思维。

不被常识束缚，拥有崭新的想法、独一无二的创意，如果没有这些，管理咨询师就无法为客户带来附加价值。

如果执着于挖掘逻辑的根源，那么结论就会朝着一个方向收拢。

在自然科学领域，为了寻求真理，科学家必须要进行彻底的逻辑分析并不断地追根究底。但是在商务领域，任谁都可以想到的"同质化"的答案没有任何价值。

在逻辑推论的基础上，如果想要找到除结论之外的东西，就必须在逻辑上加一个"转折"。这个"转折"才是会被称为"有趣"的根源。

"转折"是指将事物翻转过来，从不同的角度进行思考的办法。擅长右脑思考的人，可以靠直觉实现"转折"。其他人想不出来的好点子，在他们的大脑里却很自然出现。他们拥有与普通人不同的感性，大脑里经常能浮现出不被常识所束缚的新创意和新想法。

我真的非常羡慕这样的人。但是对于擅长左脑思考的我来说，却始终做不到用右脑思考。

作为管理咨询师，如果没有超越常识的新想法，没有超越逻辑思考的新创意，就不可能引导客户变革成功。

在逻辑思考的基础上，要想办法超越逻辑，只有这样，才能形成创造性思维。

产生创造性思维的六大思考方法

管理咨询师经常会说"跳出思维"这样的话。

但是，像我这种只具备"智力"的人想出来的想法，看起来似乎很有道理但却很容易落入俗套。所以，我经常会想办法在自己的提案和结论中加入一些创造性的内容。

在这里我给大家介绍自己常用的六大思考方法。

——新的想法一般从否定常识开始出现

不管哪家公司，都会存在自己的常识。时间长了，员工会陷入其中。

一旦陷入公司的固有常识，就意味着员工开始停止思考。

可以说，创造性思维就是从否定常识开始产生的。

我们首先可以将客户公司的员工所认为的常识精练出来，向这些常识提出质疑。

否定常识、质疑常识、打破常识，唯有这样，新的创意才会诞生。

小案例 ❶

大型机电制造厂商G公司打破常规的成本削减案例

▼

这是大型机电生产厂商G公司的成本削减项目。

这个项目的主要内容是，在全公司找到削减成本的可能性，并最终实施。

其中一项措施就是物流成本的削减。

G公司的物流业务常年外包，该项目最初的讨论问题是，能否降低对外支付的外包物流成本。

我也提议可否考虑由公司自己运营物流业务。

G公司从来没有想过"自己运营物流业务",在他们看来,物流业务外包是理所应当的事情。

但是我认为,不仅因为目前物流成本高,未来物流业务也可以作为公司独有的特点与其他公司形成差异化经营。基于此,在面向未来的中长期经营策略中,"自己运营物流业务"便有了讨论的可能。

后来,自营物流业务被加入讨论内容。通过验证,自营物流业务不仅可以降低成本,还可以给公司带来很多好处。

现在G公司的自营物流业务逐渐扩大,并且已经显现出了一定的效果。

思考方法2 改变思考的角度——站在别人的角度思考问题

一般来说,人们往往只从一个方向看待问题,而且,人们会根据自己能看到的"风景"来做出判断。

但实际上,就同一个事物,你所站的"位置"不同,从不同的角度去看,会发现完全不同的东西。通过改变看问题的角度和立场,可以有全新的发现和思考。

例如,如果站在客户的角度去思考能让客户高兴的事情和困扰的事情,那么新的产品和服务就能诞生。

如果你站在竞争对手的立场上，就能想象他们在烦恼什么，他们不希望你做什么。摸清竞争对手的思考逻辑，是我们制订战略方案非常重要的切入点。

有意识地改变自己所处的"位置"，成为"在对立位置上的人"，可以帮助你产生新的创意和想法。

小案例❷

中型消费品厂商H公司基于消费者视角的需求调查

中型消费品厂商H公司没有在某新兴国家开拓市场的打算。其原因之一是H公司没有开发符合当地消费需求的产品。

H公司曾做过市场调查，但当时的市场调查并没有脱离供给侧的思维逻辑，所以未能捕捉到需求侧真正的消费需求。

我采取的办法是，让开发商品的负责人长期到当地出差，以"生活者"的视角去找寻真正的消费需求。

他甚至深入到当地某个家庭，连续几个月从早到晚和当地人生活在一起，观察他们实际的生活状态。

基于如此深入的调研后开发出来的新商品，得到了消费者的大力支持，新商品的销售取得了成功，甚至创下了令人惊讶的销量纪录。

究其原因，正是因为开发人员站在消费者的角度，亲自观察消费群体，体验消费者生活的日常点滴，才从中发现了消费者真正的需求。

价值整合——组合和编辑能力很重要

一说到"创新"这个词，很多人的感觉是从零开始创造世界上迄今为止没有产生过的价值。但这样说创新，还不够全面。

在现有的价值基础上，加入新的价值，或者与别的价值组合，也可以形成创新。这被称为价值整合，即将不同的价值组合在一起，升级成全新的价值，实现价值变身。

从零开始创造全新价值并不容易，能做到的人也极少。

当然，对价值整合来说，必要的是组合和编辑的能力。在现有价值的基础上，考虑组合的多样性。

有了组合和编辑这两样能力，像我这样的普通人也可以创造出全新的东西。

大型服务型企业I公司"服务+产品"的商业模式转换

这是大型服务型企业I公司关于商业模式转换的案例。

刚开始，我们只是围绕着I公司的服务进行了思考，但是我们察觉到如果局限在服务业务上，变革的思路和范围是无法扩展的。

市面上流行的做法是从产品到服务进行扩展，而在我看来，对于I公司这样的服务型企业，实现从服务到产品的扩展应该更加重要。

我认为I公司可以在一直以来提供的服务的基础上，增加相应的产品，为客户提供一站式购物体验，最终与客户建立"无法割舍"的牢固关系。

此外，如果只提供服务，很容易被其他公司模仿，有被快速跟进的风险。

在服务中加入产品，相当于为竞争对手设立了参加竞争的障碍。

实际上，I公司后来收购了一家中型企业，被收购的这家中型企业提供的产品正好与I公司的服务相匹配。

后来，"服务+产品"的新商业模式取得了成功，I公司的规模也不断扩大。

第 7 章 锻炼和使用大脑的技法

思考方法4 逆向策略——经营资源匮乏时的公司经营理论

大家都知道，公司之间肯定是存在竞争关系的，而且竞争对手肯定也在想尽办法要打赢你。

自己公司的思考逻辑很重要，同时，善于推测和洞察竞争对手的逻辑也非常重要。

如果自己公司经营资源丰富、实力雄厚，即便与竞争对手用同样的逻辑去对抗，也会通过综合实力取胜。但是并不是所有的公司都具有这样的实力。

对经营资源匮乏的公司来说，其更要采取出其不意的逆向策略。

如果避开通常情况下会采取的策略而另辟蹊径，选择一条不一样的经营道路，那么可以有效地规避与竞争对手之间的正面交战。对实力较弱的公司来说，选择逆向策略才是能取得胜利的真正办法。

中型材料生产企业J公司专注于"模拟业务"的逆向策略

这是为中型材料生产企业J公司制订中长期经营计划的项目。

这个项目需要综合考虑未来的市场动向、经营环境的变化、技术的革新等影响J公司经营的各种因素，从中找到开拓新业务的机会。

一直以来，J公司坚持以独特的技术为基础，专攻小众市场，并逐渐确立了自己的市场地位。

J公司有效回避了同行大型公司所着眼和参与的高增长性市场，而选择主攻对大型公司来说没有什么吸引力但又不可或缺的小众市场，并因此取得了成功。

在新的中长期发展计划中，他们关注到了"模拟业务"。

在数字化迅速发展的今天，数字化业务领域已经形成了过度竞争的场面，J公司判断最后肯定是大型企业占据整个数字化市场。

在数字化市场中，以J公司的技术能应对的"模拟业务"到底是什么，市场中到底有什么样的需求，我们对此进行了彻底的分析和调研，并最终形成了多个新业务创意。

看穿市场的动向和潮流，而不盲目跟随，这就是J公司的成功之处。现在，J公司仍然坚持着自己独有的理念，不断开发新的业务领域。

管理的本质是突出自己，提供别的公司无法模仿的独特价值，凸显自己独特的存在。不做随处可见的普通公司，以前卫和独特作为自己的经营目标。

"突出"也可以被叫作"锋芒"。要使公司独具锋芒，就必须摒弃面面俱到的思想，必须坚持有所为有所不为，一旦选定某个方向，就一定要彻底专注于选定的方向。

锋芒往往来自"选择和聚焦"。如果害怕舍弃，顾此失彼，那么就不可能形成自己想要的"锋芒"。

其他公司无法模仿的"锋芒"，就是创新和创意。

小案例 ❺

中型化学品厂商K公司关于高附加值产品的决定策略

中型化学品厂商K公司的产品策略项目充分体现了"选择和聚焦"的思考方法。

一直以来，K公司完全按照客户的委托制造产品，因此，工厂的开工率很高，虽然部分商品有亏损，但是从公司整体来看，这种做法还是合理的。

工作的本质

但是，随着产品整体收益率下降，亏损产品的亏损幅度变得越来越大。

如果继续生产亏损产品，那么高利润产品的生产将难以为继，产品生产开始出现矛盾。

K公司决定摒弃以往"只要有机会拿下订单就什么都做"的做法，把公司有限的资源全部集中在有高附加价值的产品生产上。

就这样，K公司实现了从"什么都做"的"百货商店"到"只做特色商品"的"专卖店"的转型。

思考方法6 注重未成熟的业务——因为不成熟，才有可能性

我们总是在世事不断变化的复杂环境中经营着企业。然而，我们日常的思考和判断，往往会停留在各种各样的碎片化想法上。

如果目光短浅，只看眼前利益，就会导致我们错过很多"最新趋势"。

就算某一个具体项目特别合理，但放在长远的时间轴上去思考，就可能完全不合情理。

所以，重要的是，抓取"最新趋势"，跟随潮流做出必要的选择和改变。

当然，最新趋势肯定也伴随着未知的风险。不成熟的领

域，未来会发展成什么样子，谁也不知道。

但未知中往往蕴藏着新的可能性，隐藏着与过去的秩序、过去的规则完全不同的新机会。

在未成熟的领域发现新的机会，才能称为创新。

大型服务型企业L公司，找到了未成熟的细分市场

在大型服务型企业L公司的新业务战略制定项目中，我们研讨了是否开展健康领域的业务。

在老龄化越来越严重的日本，毫无疑问，"银发事业"和面向老年人的业务肯定是一个高增长的业务领域。

当然，竞争也特别激烈。

大型企业纷纷进入健康相关领域，似乎已经胜券在握的企业越来越多。

在这种情况下，L公司选择了尚且处于生命周期初期的新兴业务，以及大多数中小型企业集中参与的分散性业务。

处于萌芽阶段的业务，能否发展为成型的商业模式，谁都无法判断，这其中肯定存在风险。

但是，也正是因为业务还不成熟，先人一步的企业才可能

成为该领域的领头羊。

　　L公司选择了几个"尚未成熟的细分市场"，并通过实践不断检验，同时也尝试进行小型的收购合并，以此寻求成为细分市场领头羊的地位。

第4节　锻炼大脑的五大技巧

　　管理咨询师需要具备的逻辑推理能力，和科学家、研究人员擅长的严密逻辑还不一样。

　　对管理咨询师的要求，体现于能在激烈的市场竞争中打败对手，引导公司经营走向成功的"商务头脑"。

　　就算看起来非常符合逻辑的提案，如果客户不认可，不付诸行动，那么这个提案也没有任何价值。

　　为了能提出让客户愿意付诸行动的"好提案"，我们应该怎么锻炼自己的"大脑"呢？

　　在此我将介绍自己在日常工作中特别重视的五大技巧。

技巧1　看清真正重要的事情

　　在本章第1节中我介绍到，一个公司失去经营理性的其中一个原因就是，忽视了对公司最为重要的东西。其实不仅公司经营者如此，管理咨询师也很容易陷入细枝末节的烦琐事务中，从而忽视事情的本质。

如果只执着于逻辑的正确性和分析的严密性，那么某一天你肯定会忽视最重要的"主干"。

管理咨询师必须重视逻辑和分析，但是又不能落入"混淆逻辑"的陷阱。

真正的管理咨询师，是能看清真正重要的事情的人。看清事情的本质，秉承大局观构建出最核心的逻辑。

在我负责的管理咨询项目进行汇报的时候，我一般会为客户准备1张A4纸。详细的提案材料由项目组成员制作完成，但是我会把自己想要传达的信息整理到A4纸上单独展示给客户公司参与汇报的管理人员。

我写的内容，别人可能会觉得是"理所当然的事情"。但我希望通过这样的方式，把我真正重视的信息提前传递给大家，让大家知晓。

技巧2　用"相关关系"和"因果关系"来看待事情

我在大学时代参加研讨会时，遇到一位名叫田中喜助的导师，他以严厉著称。

田中喜助和我都是商学院文科系出身，但是，田中喜助更加擅长使用左脑进行分析和推理。

田中喜助曾告诉我："这个世界是由相关关系和因果关系构成的。"

世界上很多事情都可以用"相关关系"来解释。如果能用相关关系解释清楚事物之间的关系，那么就很容易推断结果。

当然，也不是所有事情都可以用相关关系来解释。

这时，如果你用因果关系来说明事物之间的关系，也可以解释得很清楚。

学生时代的我，对此感触颇深。从那时起，我对世界的认知便好像有了一条主线。

现在看来，这句话对追求经营合理性、科学性的管理咨询师来说，也是至理名言。

技巧3　重视情景规划

商务领域的逻辑性，有一个关键的地方需要重视，那就是一旦设定的前提条件改变，其逻辑推论也会随之崩塌。

在商业世界里，不存在"可复制的绝对方案"，因此也不存在绝对的逻辑。比起"严密的逻辑"，我更加重视"核心的逻辑"。

思路严密、没有瑕疵的逻辑，会让人觉得有伪造的部分。能准确把握行业动向，并从中找到合适的推进方向，对商业世界的经营管理者来说，更加重要。

所以，虽然坚持逻辑思考非常重要，但是与之相比，我觉得应该更重视情景规划。

像本章中所介绍的F公司的案例，看起来特别合理且非常正确的推论结果，因为公司面对的市场环境和竞争环境发生了变化，原来的推论就有了破绽。

不要依赖静态的表面逻辑，应该想象企业面临的环境变化，找到核心逻辑，并在此基础上制订多个"动态变化方案"，以达到灵活应对市场变化的效果。

企业面对的经营环境往往是复杂多变的，这就要求企业管理人员的手中必须准备几个预备方案，以便灵活应对各种突发状况。

这才是企业能在迅速变化且前景无法判断的市场环境中取胜的最合理的做法。

技巧4　固有的观念敌不过坚定的信念

我还担任着MOTHERHOUSE公司（日本）的独立董事。

MOTHERHOUSE公司秉承"在发展中国家创造世界一流的品牌"的理念，选择在孟加拉国制造箱包，在日本等多个国家建立自己的自营商店进行箱包销售，一直以来销售情况良好。

现在，公司在尼泊尔生产围巾，在斯里兰卡和印度尼西亚生产项链，在印度生产衬衫等，然后销往新加坡、中国等国家，并在当地拥有自己的网站。包含海外员工在内，公司员工总人数已经达到6000。

13年前我第一次见到该公司创始人山口绘里子。当时，她在孟加拉国的代工工厂生产了160个箱包，正打算在日本进行销售。

听到她的想法，我的直觉是"这样做绝对不会很顺利"。

我之所以这么判断，是有合理理由的。

在孟加拉国，要生产出能让发达国家消费者满意的高品质产品，是比较难的；在治安较差、基础设施不完善的孟加拉国生产产品，风险太大；在孟加拉国生产的箱包，在日本以数万日元的价格销售，肯定销售不出去。

但是，从结果来看，我当时想到的那些理由，没有一个是对的。

MOTHERHOUSE在孟加拉国拥有自己的工厂，可以确保能生产出满足消费者需求的高质量产品，定价几万日元的箱包，消费者都非常乐意接受。

也就是说，我那些看起来合理的理由，全都错了。

那为什么我会有这些想法呢？

因为我是站在"战略"的角度思考问题，而山口绘里子却是秉承着一种坚定的信念在看待这件事。

如果以战略角度思考，"在孟加拉国生产"是一个难度极高且风险极大的选择，并不能说是一个合理的判断。

但是，对山口绘里子来说，她是秉承着"在发展中国家创建品牌"的理念，并站在"理念"这个较高的层面最终决定在孟加拉国生产产品。

所以，不管遇到什么困难，她都能把这个理念坚持到底，并最终克服困难实现自己的理想。

她告诉我："看起来完全不合理的事情，因为有强大的理念作为支撑，也能突破其不合理之处，最终取得成功。"

所以，固有的观念终究敌不过强大的信念。

技巧5　形成自己的思考风格

锻炼自己的大脑时，每个人的方式和方法是不一致的。

虽然都是思考事物的合理性，但思考方法会带有每个人的独特风格。

而教给我思考技巧的，是BCG的堀纮一。

他对我说过："在BCG，有很多人非常聪明，思考方式简直就像是锋利的小剃刀。论锋利，我肯定比不过他们，所以我选择做一把大砍刀。"

堀纮一把自己使用左脑的思考方式称作"大砍刀"。

他的思考风格是，像大砍刀一样非常有力地切割东西。

大砍刀也许没有小剃刀那样锋利，但却有披荆斩棘、拓宽道路的强大力量，力量和气势才是"大砍刀"的本质。

那之后，我开始思考自己的思考风格是什么。

最后，我终于找到了适合自己的"镰刀"。

镰刀是割除杂草所必需的工具。虽然是极其不起眼的工具，但是在田地里却能非常优秀地完成工作。

我觉得只有这样的"工具"，才是适合自己的。

所以，一直以来，我执着于现场的实际情况。

我亲自到现场，用自己的眼睛去看，用自己的耳朵去听，通过对现场实地调研所收集到的信息进行分析和归纳，建立我自己的逻辑。这就是我的思考风格。

关于锻炼大脑的方法、使用大脑的方法，每个人都有自己独特的方式。

不要去模仿别人的做法，而要形成自己独特的风格。这才是善用大脑的正确做法。

训练和使用情商的技法

第8章

第1节 | 为什么情商很重要

将智商和情商结合好才能做好工作

在第7章中，我介绍了"确定变革方向"时必不可少的大脑锻炼和使用方法。

要实现变革，就必须要制订出适合客户的战略方案，明确变革的推进方向。

但是，不管方案多么合理，也不管方案多么适合客户的情况，如果客户不能真正付诸行动，再好的方案也犹如空中楼阁。

而且，要想推动客户真正采取行动，尤其需要情商发挥作用。

我在第7章提到，如果把智商称作"思考能力"，那么情商可以被称作"感知能力"。敏感地捕捉和感知客户的情绪、感觉、情感，可以改善客户对改革的接受程度。

在提供咨询服务的过程中，管理咨询师要随时感受客户的情绪变化，与客户拉近距离，控制与客户沟通的节奏，逐步推动客户接受方案，并让客户愿意采取行动推进变革。

管理咨询师必须成为"变革专家"。要实现变革，必须同时使用智商和情商，唯有这样才能更好地完成管理咨询的工作。

唯有让变革发生，管理咨询师才能被称为真正的"催化剂"。

如何促使客户付诸行动

在管理咨询师的工作中，情商的重要性越来越受到重视。仅依靠逻辑和理论，无法有效支持变革的成功。

可是，很多人还是不知道应该怎么做才能促使客户付诸行动。在这里，我先介绍几个实际案例。

案例 ❻

大型电机制造商M公司如何"选择和聚焦"

这是大型电机制造商M公司关于制订公司中长期经营计划的项目。

项目的目的之一是选择和聚焦业务。

M公司的主营业务停止了利润增长，公司在新的业务领域也进行了多次尝试。

但不管是主营业务，还是新业务的尝试，都没能获得预期的利润增长，当然也没能找到新的增长支柱。而且其中有的业务即使已经连续亏损多年，M公司也一直搁置没有处理。

于是，M公司决定聘请管理咨询师对业务进行梳理，评价各个业务板块的前景，在此基础上进行选择和聚焦业务。其中，最大的难题是关于公司副社长最用心推进的一项新业务的去留。

该业务花费了巨大的投资，但一直没有呈现好的结果，而且我们判断其未来的发展潜力也很低。

我们通过不同的角度和不同的方法对该业务进行了客观的评价，根据评价结果，建议M公司立即取消该业务。

但是，M公司副社长强烈反对。在他看来，就算现在处境艰难，但未来一定能做成该业务。

我知道这样的分歧在经营会议上讨论是不可能有结果的。于是，我找机会和他单独见面。

他告诉我，他也明白这项业务的艰难性，但是这项业务是在一个客户的请求下才开展的，不能这么轻易放弃。

于是我问他，以他的判断，再过多长时间可以看到项目成果。

他思考了一会儿，告诉我再过两年就能看到项目的成果。

听了他的话，我做了一个决定。我把这次管理咨询项目的主要目的，从"通过业务前景评价，明确公司需要放弃的业务"变成了"明确业务停止的标准，建立执行标准的体制"。

其实，M公司一直没有关于业务应该何时停止的明确标准，这才导致了目前这种亏损业务未能得到及时处置的现状。

从M公司的长远发展考虑，与其说现在强行要求停止某些业务，还不如先制定明确的项目退出标准和执行体制。公司副社长也非常赞同我的想法，他认同建立业务停止机制的重要性。

两年后，M公司决定停止这项业务。

同时以此为契机，对所有不再开展的业务进行了一次性清理。

实际上，M公司的社长给我们的委托要求是，以"外部人士"客观的视角对公司各个业务板块的前景进行判断。他感受到了让公司内部人员来推进这项工作的局限性和困难。

其实，从某种意义上讲，对各个业务板块的前景评价，本身并不困难。从不同的角度设定评价的核心基准，再辅之客观的数据分析，并收集和整理相关的事实依据等，由此做出的评价基本不会有太大的误差。

困难的部分是"人心"。作为"外部人士"，如果我们无视和践踏曾经为这些业务的起步和发展做出万般努力的员工的心情，直接说"不赚钱就停止项目吧""没有发展前景就撤了吧"之类的话，不仅无法推动变革，还会招致内部人员极大的反对。

所以，我才想尽办法与该公司副社长进行了面对面的沟通，听取他最真实的想法。

我不仅要表达我的主张和观点，还得想办法让对方真正地理解，并愿意接受本次业务变革中的"选择和聚焦"。

为此，必要的事情不是对该公司业务前景进行判断，而是要"设立明确的判断标准"让客户自己去做决定。

可能有人会说"你的做法过于温和了"，也可能有人会说"正因为你们是外部人士，才要以强硬的态度要求立即停止亏损业务"。

但是，就算我们说得无比坚定，又会有什么结果呢？如果对方没有真正接受我们的意见，结果还是什么都改变不了。

从表面来看，我们好像走了一段弯路。但是，从结果来看，走这段弯路是最合理的，也是最必要的做法。当然，我提前将想法告诉了该公司的社长，并得到了他的许可。

要想变革成功，一根筋是行不通的。不仅要直线前行，必要的时候，还要理解对方的心情和想法，同时，不达目的不罢休的坚韧性格也是不可或缺的。

● 情商必须发挥两个作用

情商指的是能读取和理解别人的感觉、情绪、感情的能力。

在管理咨询行业，情商指的是能捕捉到客户的情绪变化、亲近客户、理解客户，推动客户将变革付诸行动的能力。

也就是说，管理咨询师不仅要启发客户的大脑，还要打动客户的内心。两者缺一不可。

具体地说，情商必须发挥下面两个作用。

① 让客户放开心态（接受）。

② 让客户内心触动（触发）。

❶ 让客户放开心态

放开心态是指让客户做好接受我们提案的心理准备。

就算是再优秀的提案和建议，如果对方心门紧闭，是不可能接受的。

"放开心态"表示管理咨询师和客户之间建立着良好的人际

关系，对方愿意敞开心扉，将内心真实的想法与你交流。

当然，最基本的是"信任"。

对于有长期业务往来的客户，双方已经建立起了良好的信任关系，接受提案并不是大问题。

但是，对第一次有业务往来的客户，或者没有习惯委托管理咨询师的客户来说，想要客户开放心态，赢得客户的信任是非常艰难的。

大多数人对外资企业的管理咨询师的印象并不好。

例如，只会呆坐办公室纸上谈兵、用眼花缭乱的名词蛊惑人、讨厌鬼、假把式等，都是人们对管理咨询师的固有印象。

有这样一种负面的形象，就算我们的提案再合理，客户也不会积极地接受我们的建议。所以，管理咨询师必须要想办法让客户放开心态，为变革的推进提前做好心理建设。

❷ 让客户内心触动

善于利用情商，不仅表现在做好客户的"心理建设"，还表现在让客户内心有所触动。

如果通过论据充分的逻辑论述能让客户接受并付诸行动，是再好不过的了。但现实是，仅有逻辑论述是不够的。变革存在风险，在变革的推进过程中，会有各种各样的阻碍和壁垒。如果不能跨越这些障碍，就没办法实现变革。

能推动客户实施变革的管理咨询师，才称得上一流的"催化剂"。所以，引起客户共鸣，让客户心动并采取行动，是至关重要的。

也就是说，客户被我们的提案触动，并愿意采取行动推进变革，这样的过程不可或缺。

要实现变革，制订合理的变革方案是非常重要的。

但同时，合理的变革方案也必须具备"客户放开心态"和"客户内心触动"两个必要的状态。我把"合理的变革方案""客户放开心态""客户内心触动"这三个要素合称为"三明治构造"，即"心—脑—心"同时在线（图8-1）。

只要达到了"心—脑—心"平衡的"三明治构造"，客户一定会采取行动。

在下一节中，我将介绍让"客户放开心态"及让"客户内心触动"的技巧。

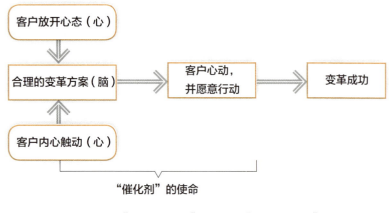

图8-1 "心—脑—心"平衡的"三明治构造"

● 变化取决于客户的内心

在我刚成为管理咨询师的时候负责的一个项目，让我意识到了"客户放开心态"的重要性。下面，我给大家介绍这个案例。

案例 7

销售部副部长的态度从"敌对"转变为"支持"

▼

这是某大型材料制造厂商N公司的销售业务改革的案例。

一直以来，N公司是通过经销商、特约经销店进行产品的销售。随着市场环境的变化，公司面向终端用户的直接销售变得越来越有必要。

但是，面向终端用户如何销售呢？以怎样的业务流程来推进呢？该怎么管理呢？这些问题都需要进行思考。

为此，我们对相关情况进行了梳理，并制订了具体的改革方案。

N公司内部从董事长到管理层，一大半人员都认为非常有必要进行业务改革，也接受和认可请外部管理咨询公司来辅助实施。

但作为业务改革核心人员的销售部副部长一直不理解和不支持改革。

他不喜欢外部管理咨询师，一直难以接受我们的存在。

我们与他进行了单独的沟通，也进行了相应的关系改善，但是情况仍然不乐观。

有一天，我和他竟然在末班车上不期而遇。

因为我一直在埋头阅读N公司的相关资料，并在拼命思考到底怎样才能顺利推进这次变革，所以并没有看到他。

这个副部长恰好刚参加完一个酒局，略微带有一点醉意，他中途上车后看见了埋头思考工作的我。

后来，再见到他时，我发现他的态度发生了极大的转变。对于我们提出的建议和意见，以及我们指出的问题，他都非常真诚地与我们沟通和交流。

过了一段时间，项目组举行了一次恳谈会，该副部长也出席了。他对我说："实际上，之前我在末班车上遇到过你。本来想跟你打招呼，但是我看你正埋头工作，不好意思打扰。你为了我们公司的未来拼命努力，你的热情和努力甚至超过了我们公司的员工。于是，我开始反省我的态度，觉得必须支持你们。"

当然，我并不是为了故意让这个副部长看见才做样子拼命工作。这次遇见纯属偶然。

但以此为契机，这个副部长对我们敞开了心扉，并开始全

通过这个案例，我明白了管理咨询师要完成自己的工作和使
命，让客户放开心态，获得客户的认可和支持是多么重要。

在案例7中，我因为一个偶然的机会获得了该公司副部长的
认可。在管理咨询师的工作中，提前做好客户的心理建设和关系
维护，是非常重要的事情。

如果客户对管理咨询师不拒绝也不接受，也是没办法引起
"化学反应"的。

可以说，客户的心态是否放开，是否愿意认可和接受管理咨
询师，是管理咨询工作成功与否的关键。

让"客户放开心态"的三个要点

那么，管理咨询师应该怎么做，才能让客户放开心态呢？怎
么才能提前做好客户的心理建设呢？

我平常所做的就是下面这三点。当然，这三点也是非常平常
的事情。

要点1 倾听——用"心"倾听，而不是用"耳朵"

对管理咨询师来说，最开始的工作就是听客户说。而且，不单是听，必须要"倾听"。

所谓"倾听"，是指要深入理解对方，体会对方的心情，并与之共情。不是用"耳朵"去听，而是要用"心"去听。

如果不理解客户的想法和故事，是不可能去规划客户的未来的。

而倾听的根本，是对客户的尊重。

在倾听过程中，管理咨询师需要有针对性地进行提问和回应，巧妙地引导对方的情绪和心理。此外，在合适的时候点头回应和做笔记等小技巧也必不可少。

倾听，是与对方建立良好关系的重要一环。

一流的"催化剂"毫无疑问是倾听的高手。

要点2 参与——让客户参与其中，加深互动关系

多数变革项目需要和客户共同推进。

变革并非管理咨询师单独完成，重要的是让公司的关键人物参与其中，加强客户在项目中的互动。

一起进行项目分析，共同推进公司内外的访谈和沟通，可以增强管理咨询师和客户之间的凝聚力。

在推进某大型制造厂商的海外业务战略项目时，客户公司的董事长及项目组主要成员，曾与我们一起远赴海外与经销商进行现场访谈。我们一起度过了很多个日日夜夜，从白天到晚上，一起行动，一起讨论。

随着在一起的日子逐渐增多，我们和客户的关系也更加亲密，毫无疑问我们提案的质量也有了大幅提升。

要点3　热情——踏实工作的同时，向客户传递你的热情

在某地方性派驻项目中，我曾要求我们公司的咨询师们"上班要比客户早，下班要比客户晚"。

当然我也在反省，在大家都呼吁改革工作方式的当前，我要求员工们延长工作时间，本身也是有不合理的地方。但是，我这么做的初衷并不是让员工长时间工作。我的本意是，为了获得客户的信任，我们要适当地向客户传递工作和服务的热情。

就像曾经我在末班车上工作的样子被N公司销售部副部长看到后，该副部长从此改变了对我们的态度。努力工作是打开客户心扉的一种非常好的方式。行动的热情是很容易打动别人的。

当然，我们的提案肯定要有逻辑性。但是，无论多么合理的提案，如果客户不能理解和接受，也是毫无意义的。

要让别人相信自己并"听自己的话"，必须在沟通方法上下一些功夫。我们必须要想办法传递自己的热情，打开客户的心扉。

第3节 让"客户内心触动"指什么

⏺ 内容 × 传达=成果

让"客户放开心态"是指为客户能理解和接受我们的提案而提前做心理建设。在推进变革的时候，想办法把负面影响降至最低的努力，也是管理咨询师必须要做的工作。

但是，就算把负面影响降至最低，也并不意味着客户就愿意付诸行动。

为了让客户行动起来，必须把客户的心理状态从"接受"提高至"触动"。也就是说，让客户心有所动的努力必不可少，而让客户有所触动的关键就是"传达"。

管理咨询师的工作成果必须包含两个方面，一个是工作成果的内容，另一个是对工作成果的"传达"（图8–2）。

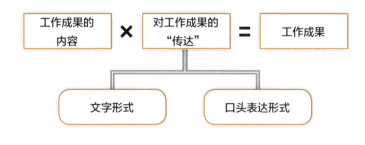

图8-2　管理咨询师的工作成果

工作成果的内容，指的是对一项目的具体提案内容。

如果是关于战略制定的管理咨询项目，工作成果的内容实际是指基于逻辑和分析所推论出来的适合客户公司的合理的战略方案。

可能有的人会认为这本来就是管理咨询师的工作成果。但是，如果用登山来比喻，完成了"工作成果的内容"，相当于只爬到半山腰，并没有到达山顶。

在BCG刚当上管理咨询师的时候，别人经常对我说的话是："完成了内容，路才走了一半。"

而与"内容"相对应的重要手段就是"传达"。但并不是说把内容直接传递给客户就可以了。

"传达"的目的，不仅是传递内容让客户理解，更重要的是让客户对内容有所触动。

不仅让客户的"大脑"理解，还要让客户的"内心"有所诉求，并让客户产生行动起来的决心。这才是"传达"的价值所在。

能否做到让客户有所触动的"传达"，可以说决定着管理咨询师工作成功与否。

在第2章中我曾介绍过堀纮一面向客户时的提案表现，可以被称为"艺术级别"。

让客户心有所动的"传达"，可以通过文字形式和口头表达形式实现，两者相辅相成，才能成功让客户有所触动。

当然，幻灯片和提案的技能，都是可以通过不断的练习来提升的。

⊙ 让"客户内心触动"的幻灯片制作技巧

幻灯片演示无非就是"信息的文字化"。演示者要把自己想要传达的意见和观点转化为最准确、最有冲击力的文字。

但是，为了提升效果，必须对幻灯片演示技巧进行学习和训练。其要点有如下三个。

幻灯片制作技巧1 幻灯片是信息提炼后的"结晶"
——要让听众"记忆深刻"

其实不仅是管理咨询师，现在公司内部的各种会议都会频繁用到幻灯片演示，可以说幻灯片内容的制作已经是当前职场人士不可或缺的办公技能了。

但是，很多人在制作幻灯片的时候，喜欢在一页幻灯片里堆砌和罗列各种数据和文字，看幻灯片的人根本不知道哪些内容是重点。

本来，"幻灯片"和"报告书"就是两码事。

报告书是需要花时间去品读和理解的。如果是写报告书，可以以花时间仔细阅读为前提进行逻辑性强且细致入微的写作。

而幻灯片不过是提案和发表时所使用的辅助工具。

提案往往是有时间限制的，提案人在极短时间里，需要将自己的意图和主张进行简洁、清晰地表述。

报告书的内容本身就是对事实的"记录"。而幻灯片的目的是让看到和听到的人留下记忆。所以，幻灯片里面的内容一定要经过提炼，必须要深入对方内心，并形成一定的冲击力，让人为之触动。就算是再好的内容，如果不能深入对方的内心，就不可能让内容停留在对方的记忆中。

被提炼后的内容被称为信息的"结晶"。

如果希望对方理解自己想表达的内容，你应该怎么选择自己的表达方式和语言呢？肯定是既要简洁清晰，又要极具冲击力，这样才能让对方印象深刻。

说到信息的"结晶"，很多人可能会觉得是在玩文字游戏。但是，以各大公司的经营管理层为对象的管理咨询工作，绝不是玩文字游戏那么简单。

关于管理咨询师工作的本质，有一段形象的说法：好的管理咨询师，能把复杂的事情简单化；而差的管理咨询师，是把简单的事情复杂化。

面对看起来复杂的问题，通过不断深入探究问题的本质，并将重要的内容用合适的文字表达出来，才可以被称为信息的"结晶"。

所以，对于自己要传达的内容的本质进行"深入思考"是不可或缺的。

在丰田的制造工厂有这样一句话：品质是在每一道工序中打造出来的。

这意味着每一道工序、每一个操作都不能忽视，要通过严格的生产过程来保证全世界一致的优良品质。

"提高品质"等陈词滥调，是不可能让制造工厂的员工内心有所触动的。而"打造品质"这个词却蕴含着更加深层的意思，每一道工序和每一个操作都不可或缺，每道工序上的人都必须秉承当事人意识，担负起打造优良品质的责任。

我自己喜欢"以简洁的形式展现清晰的思路",而这样做就可以很好地触动客户的内心。

幻灯片制作技巧3 留白也有深意——不好的幻灯片是杂乱的

不好的幻灯片给人的感觉就是杂乱的。

一张幻灯片里填塞了很多要表达的信息,同样的内容重复堆砌,一眼看去全是文字和图表。

如果内容多,文字的字体就会缩小,会让人看不出重点在哪里。

这样的幻灯片,是完全没考虑观看者的感受的,相当于简单粗暴地将内容"推"到对方的面前。其实,这样的幻灯片还不如没有。

幻灯片"杂乱"的原因就是制作人"没有自信"。

制作人对自己想要传达的信息没有足够的自信,所以才会堆砌很多信息。

而有自信的人,会将自己想要表达的内容进行精练,最终形成的幻灯片会非常简洁,冲击力十足。

给幻灯片留白,其实是自信的表现。

让"客户内心触动"的口头表达技巧

口头表达能力也有高低优劣之分。

擅长发言的人，不仅可以将自己要表达的内容传达出去，还可以抓住对方的情绪，并让对方的内心有所触动。

而不擅长发言的人，不仅没办法将自己想要表达内容传达清楚，而且还会使现场氛围清冷，甚至有可能破坏整个项目的推进。

堀纮一就是擅长提案和发表的人，虽然不像播音员一样说得那么流畅，但是他提案时的说服力和冲击力都很突出。

非常遗憾，我并没有堀纮一那样的才能。

但我庆幸的是，口头表达能力是可以通过不断练习和充足的准备来提高的。

那么，怎么做才能让客户内心触动呢？

接下来我们一起看几个提升口头表达能力的技巧。

口头表达技巧1 表达要有现场感和真实感
——回想自己的表达是否具有立体感

最不好的一种发言方法是照着幻灯片里的内容直接读。

听众一般都是边看幻灯片边听，那么，已经写在幻灯片里面的内容，自己看就能明白，不必重复说一遍。如果照着幻灯片的内容说，你的发言就没有任何附加价值。

所以，发言的时候，你应该提炼出幻灯片里的要点和关键信息，加以强调，让听众有认同感，这才是发言应该产生的附加价值。

要做到让听众有认同感，可以通过增加现场情节来营造现场感，或者说明数字依据，来增加真实感。

在面向美国总公司进行提案的时候，堀纮一让我提前准备了日本竞争对手在日本市场投入的各种新产品。

发言的时候，堀纮一手里拿着这些新产品，告诉客户自己的竞争对手是如何花心思在更多创意和新产品上的。比起空洞的语言，真实的产品能让客户有更清晰的认识。

如果仅传达事实，那么直接告诉客户过去几年内竞争对手在日本市场投入的新产品的数据就好了。但是，如果只有数据，我们想要表达的日本竞争对手在日本市场上所花的功夫和付出的努力，就没有强大的冲击力。

让自己想要表达的内容产生立体感，这才是管理咨询师口头表达的价值所在。

口头表达技巧2　适时试探客户
——表达自己观点的同时，将对方的意图展现出来

还有一种不好的发言形式，那就是自己单方面地说个不停。

很多管理咨询师说话像机关枪一样，仿佛在推销自己的观点。

当然，发言的时候要努力表达自己的观点和看法并没有错。但是，我们提案的对象是公司的经营管理人员，他们的理解能力非常强，我们将要表达的内容一说对方就能明白。但是，如果我们重复同样的论点，对方反而会产生退缩情绪。说太多对管理咨询师来说是致命的。

重要的是管理咨询师要促进讨论的顺利进行。

让对方理解自己的观点的同时，要把对方的想法和意见引导出来。如此一来，我们才能明白客户公司的经营管理层到底关心和重视的东西是什么。

这里蕴含着客户公司变革的一些切入点。

有一次，在关于某个项目的中期汇报中，我发现以社长为首的经营管理团队并没有对我们的发言产生兴趣。当时我察觉到我们的提案和客户所认为的问题点有不契合的地方。

当时我想就算是继续提案也不会有任何意义，于是就中断了汇报，我站在会议室的白板前，引导客户把他们的问题说出来，我写在白板上，当场对双方的论点进行了阐述和整理。

这样做的效果非常好，因为当场明确了对这个项目来说最重要的事情，也明确了必须要决定的事情。后来，该项目取得了巨大的成功。

在表达自己观点的同时，一定要想办法把对方意识到的问题引导出来。

重要的不是提案本身，而是要随时意识到如何引导客户。

口头表达技巧3　营造积极的氛围
——在紧张严肃的场合随时调整氛围

作为管理咨询师，我已有30多年的从业经历。但是面向客户做最终汇报的时候，我还是会紧张。

客户公司的经营管理团队会有什么样的反应？变革能顺利往前推进吗？每次我们都站在重大选择的十字路口，每次都是决定客户未来的"战场"。

其实开会时，不仅是管理咨询师，参加会议的客户也都很严肃和紧张。所以，通常，我会想办法营造一种轻松的氛围。

有时候，我会说笑话以缓解气氛。当然，即便是特意营造氛围，我们也没必要哗众取宠，和平常一样自然地调节气氛即可。

最重要的是，要想办法营造一种积极的氛围，推动客户付诸行动。

专业意识 ◄ 第9章

第1节 | 管理咨询师应具备专业意识

● 专业意识的两大要点

在前面章节中，我针对在管理咨询工作中使用智商和情商的方法进行了详细说明。

在"确定变革方向"的时候，主要使用智商；在"推进客户实施变革"的时候，主要使用情商。交替运用"智商"和"情商"，帮助客户实现变革，才是管理咨询师的工作。

但是，也不是说具备了这两大能力，就能做好管理咨询师的工作。

对管理咨询师而言，关键不是"大脑"，而是"意识"，我把这种意识称为"专业意识"。

如果不具备"专业意识"，就算智商和情商再高，也做不好管理咨询师这份工作。

能激活大脑的终究还是"意识"。

那么，专业意识到底指什么？

可以为以下两点：

① 坚持"一切为了客户"。

② 执着于结果。

下面我将针对这两点进行逐一说明。

要点1 **"一切为了客户"——认真面对，为客户出谋划策**

我认识的两位优秀的管理咨询大师堀纮一和罗兰·贝格都具有一个相同的特点，那就是将"纯粹的服务意识"贯彻到自己的职责和工作中。可以称为"一切为了客户"。

"一切为了客户"是指为客户实现变革提供帮助和支持，为客户变革取得成功而努力的心情。

我们要认真面对客户，要为客户全心全意地出谋划策。正因为我们是"外部人士"，没有客户公司内诸多因素的束缚和限制，我们才能把自己所知所想大方地说给客户听，并可以义正词严地指出客户的问题。

有些话说出来后、客户可能会生气，也可能会厌烦，但是为了客户的利益，我们一定要无所畏惧地指出问题，并为客户提供帮助。

没有这样的服务意识，是做不好管理咨询师这份工作的。

要点2 **执着于结果**
——专业人士提出战略方案之后，不会将一切都交给客户

管理咨询师的工作是支持客户变革并取得成功。但是，从开始变革到变革完成并且其成效能通过业绩体现出来，需要花相当长的时间。

我们的工作价值其实很难用具体的数字来计算。所以，我们才要坚持推动客户并让客户付诸行动。

当客户的意识和行为发生改变，并将改革付诸行动时，才可以说我们的工作真正有了结果。

如果客户的意识和行为发生了变化，也采取了变革的行动，在变革开始和产生结果之间还会有一个时间差，但其变革的效果一定会在某些时候表现在数字上。

所以，管理咨询师一定要想方设法触动和激发客户，让客户真正付诸行动。

只提供一堆理论，提出战略方案之后就将一切交给客户，这样的做法绝不能称为专业。

🔴 不要因为"不用负责"而做"不负责任的事情"

我自己一直秉承着这样一种专业的意识在做管理咨询的工作。

但是，很多时候我们的立场很难得到客户的认可和理解也常与客户有冲突。

在某大型制造企业的项目中，客户公司的一位员工在聚餐上对我说"你不需要负责任，所以才会说那样的话。"

当时，我反驳那位员工说："我的立场比较自由，但是我绝没有说不负责任的话。正是为了贵公司的未来考虑，我才针对你们当前应该做的事情给出了建议。"

被批判为"不用负责"也是大家对管理咨询工作的固有认识。因为我们站在"外部人士"的立场，所以很容易成为被批判的对象。

但是，我们为了客户的未来，进行了充分的事实分析和推理论证，绝没有做任何不负责任的事情。

当然，我也理解那位员工的心情。作为公司的管理人员，肯定不喜欢被"外部人士"指手画脚。

但现实是，很多话公司内部人员是无法说出口的，他们不可能像我们一样这么尖锐地指出问题。

做内部人员的替身正是我们作为"催化剂"的重要工作。正因为是"外部人士"，我们才能直言不讳地说出内部人员不敢说的话，才能直截了当地做内部人员不敢做的事。

"与客户关系亲密"，并不是说要与客户同质化。可以与客户共情，但是我们一定要保持我们作为"外部人士"的"不同立场"。

正因为我们是站在不用负责的立场，我们才敢说出真相。也正因为我们处在不用负责的立场，我们做的事和说的话才不能不负责任。

而我也坚信，这才是管理咨询师的工作的本质。

第2节 | 作为专业人士的八种态度

带领麦肯锡公司一跃成为全球领先的管理咨询公司的马文·鲍尔，将麦肯锡公司定义为"一家专业公司"。

管理咨询公司必须是一个专业的组织。

像欧洲足球联赛和美国职业棒球大联盟的顶级球员，他们具备一定天赋，并且技能出众，市场价值极高，他们都是专业人士。

在体育领域，天赋异禀的人才很容易就能进入到职业化的发展路径。

但是，在管理咨询行业，这样的职业发展方式是不现实的。

不管你拥有多么聪明的头脑，要想成为管理咨询师，就必须要磨炼这个行业通用的技能，积累这个行业通用的经验。管理咨询工作并不是你有了高学历就可以胜任的。

最初，并不存在一流的管理咨询师。唯有不断努力，持续积累经验，才能逐渐接近专业的水平。

一路走来，我一直牢记八大态度。在此介绍给大家。

当然，这些态度都是基于我自己的个人经验。不过，我相信这些态度和我遇到的一流的管理咨询师的特点是共通的。

第1种态度　高高在上没有任何好处

否定管理咨询师的人经常会评价管理咨询师为"明明是门外汉，却装出一副了不起的样子""都有高高在上的态度"。当然，我自己也碰到过很多这样的管理咨询师。

在很久以前，把自己当成"咨询专家"，或许还可以接受。然而，时代变了，人们对管理咨询师的角色和工作的要求也发生了巨大的变化。现在，如果还是只从"外部人士"的角度，像通知大家结果一样高高在上，已经不能让别人接受了。

但是，还是有很多管理咨询师没有清晰的自我认知，停留在以往的状态中。

仅凭一个小动作，客户就会给我们贴上"讨厌鬼""烦人精"的标签。可能我们自己还并没有意识到，但是在客户看来，我们就是一副高高在上的样子。当然，这样的态度，肯定是没办法让客户"放开心态"接受我们的。

我们是"催化剂"。为了推进客户实现变革，我们做的工作是微小、不起眼的，但又是具有决定性意义的工作。

如果不能和客户之间建立良好的关系，是不可能做好管理咨询工作的。

我们要尊重客户，为客户着想，并为客户提供最好的支持和服务，这才是专业人士应有的姿态。

第2种态度 在客户面前，管理咨询师的职位并不重要

可能大家会认为第2种态度与第1种态度是矛盾的。但是作为"催化剂"，管理咨询师就是要保持谦虚。

作为"外部人士"，为了在背后支持客户实现变革，有时我们需要提出一些尖锐的建议和观点，这很可能招致客户的反对。但如果不这么做，是不可能在客户公司内部引起任何"化学反应"的。

我在BCG时，就被教导要"表达自己的态度"。

作为一名管理咨询师一定要有"自己应该怎么做"的明确目标。

但是，想要表明自己的观点，绝不是一件容易的事情。

因为制定战略和变革方案，并不是任谁都能轻易完成的事情，正因为不容易完成，客户才委托给我们。

哪怕自己的观点与客户的想法有冲突，我们也需要与客户沟通。唯有这样，"化学反应"才能产生。

我经常对公司年轻的管理咨询师说："在客户面前，你的职位并不重要。"

不管你是公司合伙人、项目经理，还是刚大学毕业的新晋管理咨询师，所谓头衔和职位，在管理咨询行业没有任何意义。

面对客户，以对等的立场和态度产生应有的附加价值，

才是真正的专业。

实际上，在第4章中我介绍的C公司的项目中，最终为公司带来最大价值的是一个刚进公司两年的新晋管理咨询师。

第3种态度 不要逃避

管理咨询师的工作，不是一个有捷径可走的工作。

我们帮助和支持客户完成五年一次甚至十年一次的改革，是非常有意义和非常有价值的工作，但是这项工作也异常艰辛，需要我们跨越很多障碍。在这个过程中，我们会经历很多不顺心的情况。例如，得不到客户的协助，客户不接受我们的意见，客户不行动等。

如果轻易被这些困难打败，我们就无法做好管理咨询的工作。

越是在这样的困难时刻，我们越不能逃避。我们应该直面变革道路上的障碍和困难，把这些障碍和困难逐个清理干净。

越是困难的时候，越是检验我们是否是一流的"催化剂"的时候。

京瓷品牌创始人稻盛和夫有一句非常经典的名言："乐观地设想，悲观地计划，愉快地执行。"这句话不仅适用于创业者和企业经营管理人员，对于我们管理咨询师也是适用的。

一味乐观的管理咨询师是不可靠的，但一味悲观的管理咨询师也成不了大事。

第4种态度 不要投机取巧

看一个管理咨询师是不是好的管理咨询师，有一个非常简单的办法——看他会不会使用外来词汇。有的管理咨询师经常喜欢展示他们从美国带来的新概念，并试图用这种新的概念来熏陶和说服客户。其实这样的做法，不过是在兜售别人的观点，并没有形成自己的主张。

我很少使用外来词汇，我会想办法使用浅显易懂的日语向客户传达我要表达的意思，以便客户更好地理解我的观点。

另外，那些把商学院里学来的分析框架直接沿用过来的管理咨询师也是不可信的。

虽然对现状的分析需要使用一些分析手法和分析框架，但是企业的经营管理并非像制作服装一样可以简单地使用固定模型，企业的经营管理不是那么容易的事情。

管理咨询师需要深入思考到底用什么分析模式才能得出正确合理的结论。如果分析模式不准确，或者分析模式没有想清楚，管理咨询师就不可能得出正确的分析结论。

第5种态度 不知者为不知

与以往相比，管理咨询师负责的业务领域确实广泛了很多。

以前，管理咨询师负责公司战略制定等项目较多。但是现在，公司的业务变革、人事管理、合并收购、兼并重组等业务都可以找到管理咨询师。

一个管理咨询师不可能精通每个业务领域。所以，不好的管理咨询师往往会说自己什么都会。

对我而言，当有客户委托给我一些我不擅长的项目时，我会把擅长该业务领域的其他可靠的管理咨询师介绍给该客户。

"不懂装懂"不是专业人士应该有的态度。

第6种态度 重视"时间的价值"

管理咨询师和一般商务人士之间的最大区别是，双方对时间的感知不同。

管理咨询师有时薪的概念。管理咨询师做的工作是否值得某个价格？这样的判断标准，决定着我们的思考和行为。

下面是我刚进入BCG时，在一个项目中经历的事情。

当时，我拜访完客户后，选择换乘地铁回到BCG。这样的出行路线对我来说是理所当然的选择。

但当我回到办公室对项目经理进行业务汇报的时候，项目经理说："远藤功，以后出门拜访客户别坐地铁，坐出租车吧。你可能认为只有15分钟的时间差，但是你有没有想过，有了被节约出来的15分钟，你可以创造更高的附加价值。最大限度地利用有限的时间去完成工作，才是管理咨询师应有的样子。"

他这么说的意思，并不是让我贪图享受。他想告诉我的是，管理咨询师要时刻有"时间观念"和"时间价值"这一重要意识。

对于时间的认知，管理咨询师还需要具备"交期意识"。

通常，一个管理咨询项目有3~6个月的项目期。在项目期内，管理咨询师要向客户做中期汇报、最终汇报等重要节点汇报。作为管理咨询师，我们必须时刻记住各个时间节点。并且在每个时间节点前要拿出具体的工作成果。虽然项目期长，但并不意味着我们可以拖拖拉拉地推进工作。

有交期的工作，毫无疑问，工作的效率是极其高效的。在时间的高压下，我们会拥有爆发性的能量。

所以，时间观念会对我们工作的方式和工作的品质产生很大的影响。

第7种态度 坚持不懈地钻研

有天生就头脑聪明的人，但是绝没有天生就能做管理咨询师的人。无论多么优秀的人才，一定是在不断努力和不断积累经验之后才能成为管理咨询师的。

人生阅历尚浅、商业经验不足的管理咨询师，在客户的重大项目中担任重要角色，本身就是一件极具挑战性的事情。所以管理咨询工作绝不是头脑聪明就能胜任的简单工作。因此，我们才要坚持不懈地钻研。

保持着对商业和经营管理的兴趣，不断输入新的知识和新的经验，唯有这样才能充实自己。

而且，我们还要提升自己的综合素质，虽然综合素质可能看起来跟商业和经营管理没有太大关系。

面对高素质的客户，如果我们只能和他们谈论工作，他们是不会对我们有深刻印象的。

所以，要不断拓展人生的宽度和深度，提升自己综合素质。只有这样，才能成长为一流的"催化剂"。

第8种态度 既要用头脑也要用心

在BCG的时候，堀纮一曾经责备过一位管理咨询师。

堀纮一责备这位管理咨询师的原因是，他制作的幻灯片上的字体太小，让人看不清楚。

"就算幻灯片做得再好，如果字体小，让人无法看清，这个幻灯片就没有任何意义。稍微注意一下吧。"

堀纮一是极其注意细节的人。无论我们做出多少优秀的成果，如果没能顾及对方在意的细节，或者他们不听我们的建议，那我们的工作也就结束了。

管理咨询师在进行工作时，必须使用头脑，而用心为客户着想也是不可或缺的。

只要对细节多加注意，管理咨询工作的成果就会有很大的改变。

第3节 | 以热情和能量取胜

● 知识差距和信息差距渐渐被消除

30多年前，我刚转型做管理咨询师的时候，对大多数日本企业来说，与战略和市场营销等经营管理领域相关的理念和框架都是新内容。

商业学校和工商管理的知识也还不是普遍性的事物。

那时BCG创造的"经验曲线""产品结构组合分析法（PPM）""时间优势"等概念，是管理咨询工作中既新颖又有力的工具。

工作的本质

只要用产品结构组合分析法对客户的业务和产品组合进行分析，并给他们展示分析图表，客户就会激动不已。

但是，现在的日本企业也在不断强化员工的商业素养，工商管理的知识也已经普及。现在的管理咨询师和客户之间已经基本不存在知识差距了。

其次，管理咨询公司重视信息。如果要推进公司的全球业务发展，完成全球经营战略，公司必须对自己不熟悉的国家和地区的市场环境和管理制度等信息加以整理和分析。

拥有全球经营网络的管理咨询公司，可以利用自己的优势，提供当地市场的最新信息，并利用自己在当地的经营网络为客户提供本土化的业务支持。

但是，随着互联网的普及，客户也逐步建立起自己的信息收集系统，也能从互联网上得知越来越多的最新情报，管理咨询公司和客户之间信息不对称的差距在不断缩小。

原本可以作为管理咨询师的独特优势的知识和信息，已经逐渐普及并被客户轻易获得，在当前，管理咨询师依靠知识和信息已经不能为客户提供附加价值了。

热情和能量是管理咨询师的新优势

现在，知识和信息不对称的情况逐渐减少，管理咨询师该怎样为客户提供附加价值呢？

在从业的这么多年里，我一直在思考这个问题。我得出的结论是"斗志"。

"斗志"也就是"热情和能量"。不管多么优秀的战略方案，如果管理咨询师和客户没有行动的热情和能量，也是无法将其转化为成果的。

对管理咨询师来说，对合理性的执着和追求必不可少。经营管理必须理性，为此，要求管理咨询师必须要具备客观分析、沉着思考、准确判断的能力，过去是这样，现在也是如此。

但是，不管管理咨询师的分析和推理多么合理、有逻辑，如果没有热情和能量，也是无法达到预期效果的。

当然，有些客户本身就充满斗志。对于这类客户，我们不必在意其是否有热情和能量，只需要关注变革的内容就可以了。

但是，现实中有很多干劲不足，缺乏斗志的客户。

经常有客户的经营管理层对我说："有远藤功在，我们一下就能变得充满活力。"

听到这样的话，我很开心。同时，我意识到，让客户充满斗志也是我的工作之一。

当前，客户面临的市场环境发生着巨大的变化。

时代和市场要求客户必须抛开以往的业务，在不连续的业务线上去开拓新的业务。开拓新的业务肯定伴随着巨大的风险。即便客户希望开展新的业务，但是行动的时候总会有所畏缩，通常难以付诸行动。

管理咨询师的任务是要挖掘这些客户的热情和能量，推动他们迈出行动的一步。

　　就算我们的大脑是理性的，但我们的内心必须要充满激情和斗志，这样才能不断推动客户前进。

　　如果不能拥有极强的感染力，我们的工作就不会取得预期成果的。

我一直坚持的
七大习惯

第10章

在第9章中，我提到管理咨询专业人士必须要坚持不懈地磨炼和提升自己。

管理咨询工作是一种需要我们不断延伸和拓展自己的工作。

不断学习，拓展自己的见闻，坚持磨炼自己的思考能力，是理所当然的事情。如果不能坚持不懈地提升自己，总有一天我们会失去作为专业人士的资格。

当然，这也并不是管理咨询工作特有的要求。

不管在什么行业，如果我们的目标是成为行业内的专业人士，那么就要付出比别人多的努力。

有天生的才能，但是绝没有天生的专家。

每个人都是通过不断的努力和提升，才能成为自己所在领域的专家。

我自己把专业人士定义为"有市场价值的高度专业的人才"。如果只付出一点努力，是不可能具备特殊的市场价值的。

虽然我们的努力可能从外表看不出来，但我认为个人的努力一定会体现在工作业绩和成果上，并为自己带来相应的市场价值。

不断努力，是说要把努力当作习惯，当作自己工作的常态。

为了不断提升自己，我一直坚持以下七大习惯。

① 每天必读报纸。

② 坚持阅读经营管理类书籍和商业管理类书籍。

③ 坚持做笔记。

④ 每年至少出版一本书。

⑤ 每年走访一个从未去过的国家或地区。

⑥ 早睡早起。

⑦ 心怀感恩。

上面这七大习惯，单看其中任何一个，都没有什么特别之处。如果真下决心去做，谁都能做到。

但是，自己到底要坚持什么样的习惯，每个人有自己的选择。上面这七大习惯终究只是我个人的习惯而已，仅供大家参考。

第1节 | 第1种习惯：每天必读报纸

● 每天花一个小时读报纸

我每天早上必做的事情是读报纸。

最近阅读电子报纸的人越来越多，但是我仍然坚持阅读纸质版报纸。我也尝试过阅读电子报纸，但是实在是不符合我的阅读习惯，所以放弃了。

打开报纸，我会先从头到尾把所有新闻的标题浏览一遍，然后对于我感兴趣的内容，我会仔细阅读。

到这里为止的读报方法，其实是非常常规的做法。

但是，从这里开始我就有不同的习惯了。

读完后，我会重新从第一个版面开始，把第一次没能吸引到我的新闻再浏览一遍。

这样读下来，基本要花一个小时。

可能大家会认为要读这么多内容太费劲了，但其实报纸上广告特别多，所以看文章也不会花太多时间。

需要具备不同领域的信息和知识

人们通常会把自己的目光放在自己感兴趣的和自己关心的东西上。但是如果只选择自己感兴趣的知识和信息阅读，那么你了解到的知识面将会非常狭窄。

管理咨询师会接触到各种行业的咨询项目。所以，管理咨询师必须广泛地了解当前世界上正在发生的变化，并对广阔领域的知识和信息保持高度的关注，了解和把握不同领域的最新信息。唯有如此，你才能做好管理咨询师的工作。

例如，我以前在制造行业工作，所以对于制造行业的信息我会很自然地关注。但是，目前的市场需求已经从制造产品转变到提供服务，社会和企业变革的速度在加快。管理咨询师也不可避免地要越来越多地参与到服务行业、零售行业、金融行业中。要参与不同行业的项目并做好这些项目，管理咨询师就必须掌握不同领域的知识。唯有与以往的想法不同的全新观点和视角，才能打破自己的固有观念，才能产生与众不同的想法。

不过实际去尝试一下，我们就会发现，对于非自己专业领域的信息和知识，因为不了解其背景，就算我们读了，这些信息和知识还是很难停留在自己的记忆里。

但是，如果我们坚持不懈地读下去，就会慢慢地了解那些领域的整体情况和发展脉络。虽然很多知识和信息看起来是不相关的东西，但是深入了解后，我们会发现其实不同领域之间或多或少都有着各种联系。

为了锻炼自己的整体意识，每天读报纸，了解各行各业的信息和知识，对于拓展自己的视野是非常重要的。

第2节　第2种习惯：坚持阅读经营管理类和商业管理类书籍

◗ 每月读完15本书的技巧

如果不看书我就会感到不安，睡觉前不看书我就睡不着。我看的书的类型很多，包括小说、悬疑推理、纪实文学、游记等。

商业类书籍和经营管理书籍中，有话题性的书籍，看起来有趣的内容，我都会买回来读，我是一个狂热的阅读爱好者。

光是经营管理类书籍和商业管理类书籍，我每个月都能读15本左右，基本是两天一本的阅读节奏。

感觉有趣的内容，我会继续读下去，对书中的信息不感兴趣或者觉得作者说得不对，我会停止阅读。

对于经营管理类书籍和商业管理类书籍，我并没有太多期待。能从书中找到一个新发现，或者发现以前没注意到的新内容，我都会特别开心。我觉得这就非常有价值了。

深入学习"原理"

对于经典名著，我会深入阅读，还会反复读好多遍。

在我的书架上，数量最多的商业和管理书籍是彼得·德鲁克的书，其次是野中郁次郎和大前研一的书。

在经营管理中，不存在一成不变的理论和经营模式。

经营管理必须要根据市场环境的变化和消费需求的变化不断调整。过去的成功案例可以作为一种参考，但是绝对不是"可以直接套用的答案"。经营管理的案例无论多么合理，都无法复制和重现。

虽然没有四海皆准的案例，但是经营管理中却存在着不变的"原理"。

即使时代变迁、市场环境发生改变，但也存在亘古不变的基本思考方法和看待问题的方式。

在彼得·德鲁克、松下幸之助、本田宗一郎等知名管理大师的书里，我们可以学习到很多不变的真理。

学习管理的技术理论和战略理论是很有必要的。越接近管理人员，就越会被问到很多基本问题。

我们公司到底为何而存在？

人们到底为了什么而工作？

管理者的工作到底是什么？

面对这样的问题，我们必须回到原点，从基本理论入手去解答客户的问题。

经典名著能让我们想起已经遗忘的最基本的东西。

第3节 | 第3种习惯：坚持做笔记

◗ 将思考可视化

对阅读狂热的同时，我也是一个笔记"狂魔"。

在做管理咨询师的30多年里，我一直没有停止做笔记，几乎没有放下过笔记本。

开会和商谈时的评价、需要注意的要点，以及自己随时想到的创意都被我记录到笔记本里。这30多年，我竟然留下了100多本笔记本。

曾经一段时间我用过设计精美的笔记本，但是最后我还是换回了最普通的笔记本。因为一旦用精美的笔记本，会不自觉地想要把字写得工整漂亮，会想一些不必要的事情。

其实，对我来说，笔记本不过是做记录用的"记录本"，仅仅是把大脑里想到的内容写下来的"空间"。

把自己注意到的、想到的事情可视化，然后让大脑放空，再重新开始思考。

用来整理随机无序的"思想碎片"的笔记本，我觉得没有比最普通的笔记本更便利的了。

笔记写完后，要经常翻看。再回过头去翻看笔记的时候，我们可以用记号笔勾线做标记，也可以用红笔做批注和补充，借此机会重新整理自己的思路和想法。我把这个过程称为"思维覆盖"。

对我来说，这些笔记本代表着我个人思维的改变。通过阅读这些笔记，我看到了自己曾经的想法，以及走过的心路历程。

◑ 把笔记本分成"日常笔记本"和"主题笔记本"

我把笔记本分成"日常笔记本"和用于特定主题的"主题笔记本"两种。

"日常笔记本"主要记录日常工作中的想法。"日常笔记本"没有复杂的书写要求，只是按照自己想到的顺序来记录。差不多三个月我就会把一整本笔记本写得满满当当。

"主题笔记本"主要用来记录某一类主题的相关内容。不同的主题会有不同的笔记本。

例如，如果我想要写关于某一个主题的书，我会先准备一本笔记本。然后在笔记本上写书的构思、创作的灵感，以及随时想到的与书相关的内容。

最开始只是一些毫无思路和脉络的碎片化内容，也没有经过整理，想到哪里就写到哪里。

但是，当最终回过头去整理碎片化的内容的时候，书的整体脉络就慢慢地呈现出来了。一开始我很苦恼，但后来，书的内容开始成形，我突然觉得更有动力了。

最普通的笔记本可以说是我写书过程中不可或缺的最好伙伴。

第4节　第4种习惯：每年至少出版一本书

把自己的想法和知识传递出去

管理咨询师的工作就像"催化剂"一样，是在背后做支持的工作。所以，不管我们的工作表现多么优秀，一般来说都不会显现在外面。

基于保密原则，我们不能对外宣传工作内容。这是职业的特殊要求，没办法改变。

但是，我仍然希望把自己在工作中想到的或学到的知识和技能告诉大家，希望能对人们有帮助。所以，我好像是在跟"催化剂"的命运做抗争一样，我一直在坚持写书。

2004年我出版了第一本书《现场力》，此后我决定每年至少出版一本书，我也一直坚持这么做。

对我来说，写书的目的是把我在工作中获得的感受，想到的东西告诉大家。

当然，因为没办法透露具体咨询项目的内容，所以我写的都是大众化的内容。其实写书也是对我主张的"概念化、结构化、语言化"进行锻炼的绝好机会。

到目前为止，我已经出版了38本书。我自己单独写作的书有32本，作为共同作者与人合著的书有6本。所有书中，有15本已被翻译成其他语言在国外出版、发行。

《现场力》《可视力》《打扫新干线的天使们》（意译）这三本书的销量分别已经达到10万册。所有书籍的总销量已达到100万册。

我在刚转型做管理咨询师的时候，就想出版一本书。现在这个愿望已经实现并且超过了我当时的预期。

▶ 一本书可能会改变一个人的一生

现在回过头来想，我之所以转型去做了管理咨询师，契机正是因为堀纮一的书。如果我没有遇到那本书，可能我的人生会在另一条道路上。

堀纮一曾告诉过我"书就是自己的名片",我深信一本书甚至可以改变一个人的一生。

出版书籍也为我带来了很多不同的际遇,我不止一次被邀请担任其他公司的独立董事。

与无印良品公司的前会长松井忠三的相遇源于《可视力》这本书。看过《可视力》的松井忠三会长邀请我担任他们公司的培训讲师,此后又邀请我担任独立董事。

梦创信息公司(DreamArts)社长山本孝昭在电车上读了《现场力》一书,因为读得太专心,竟然坐过了站。随后他甚至到我们公司专程与我会面。之后我出任了该公司的独立董事,还与山本孝昭一起合著了3本书。

写书不过是一种手段。当然,最重要的是,可以通过书籍告诉人们我的思考。

第5节 第5种习惯:每年至少走访一个从未去过的国家或地区

不能妄论世界

迄今为止我已经到访过60多个国家。欧美主要国家我都去过。

但是，世界上一共有200多个国家和地区。我到过的国家，还不到其中的三分之一。

当然，从商务的角度看，60多个国家已经够多了。但是，当前世界风云变幻，世界奉行的规则已经不再是单纯的欧美中心主义了，如果不了解欧美以外的国家和地区，就不能妄论这个世界。

我的认识发生改变的契机来源于中国。2008—2013年，我一直在中国的长江商学院担任客座教授。为此我曾赴北京、上海为MBA课程和高管MBA课程做主题为"日本企业的全球战略"的讲座。我感受到中国正在以令人难以置信的速度发展着。

给予我极大冲击的还不止这些。以讲座为契机结识的我的学生们（其实他们都是中国各地优秀的企业家或高管人员）曾邀请我到访他们的公司。

之后，我去过广西壮族自治区和贵州省等通常来说我不会去的地方。在这些地方，我感受到了与北京和上海等城市不一样的风景，当然也有不一样的人们。

了解北京和上海，还不能说自己已经了解了整个中国。

从那以后，我意识到需要拓展自己的视野。

◔ 以"三现主义"去了解世界

此后，我做了一个决定：每年至少要走访一个我从未去过的国家和地区。

我还去过中国的西藏自治区和青海省，亲身体验了中国少数民族的生活。

在德国出差期间，我也会尽量早点离开迄今为止到访过数十次的德国，去了波罗的海和北欧一些国家和地区。

因为MOTHERHOUSE公司的关系，我还去过孟加拉国和尼泊尔。通过实地走访当地的工厂，我亲身体会到了MOTHERHOUSE这家小公司正在做的事情的伟大之处。

奠定了丰田公司基础的丰田佐吉曾说："打开窗（问题），你会看到一个新的世界。"

我们平常的生活空间是极其狭小的，如果把自己关在这样一个狭小的世界里，真是一种浪费。

得益于交通的便利，世界变得越来越小。只要你拥有好奇心和行动力，就能体会到世界的宽广和生活的丰富多彩。在这个过程中，重要的是一定要坚持"三现主义"，即现地、现物和现实。互联网越发达，就越是考验我们的行动力。

我们要用眼睛去看，用耳朵去听，用心去感受。磨炼和提升自己的办法唯有如此。

第6节 | 第6种习惯：早睡早起

◐ 严格保证睡眠时间的方法

对体育界的专业人士来说，身体管理非常重要。身体不好，有再大的天赋和才能也不能充分发挥。

管理咨询师的工作也是如此。大脑也是身体的一部分。身体不好，大脑运转变慢，没法深度思考。我一旦睡眠不足，大脑的思考能力就会变差。

所以，我一直坚持每天确保7个小时的睡眠时间。

我是早起型的人，每天五点半起床，所以每天晚上十点半入睡。坚持下去，一定可以养成早睡早起的好习惯。

虽然我喜欢喝酒，但是我现在的原则是"多不过三杯"。如果再多喝，将会影响睡眠，并对第二天的工作带来不好的影响。

对我来说，确保睡眠时间是最优先的事情。我会在确保睡眠时间的前提下安排一天的工作。

每天努力工作，晚上在床上读着旅游日记入睡。这个时刻对我来说是最幸福的时候。

工作的本质

良好的时间管理决定着人的一生

我经常被问到这样的问题："你工作这么忙，还写了这么多书，是在什么时候写的呢？"

一天24个小时。其中7个小时我一定会确保睡眠。所以，写作的时间一定是从剩余时间中挤出来的。

我可以给大家一个大致的概念，一般来说要完成一本书，包含前期的构思阶段，一般至少需要300个小时。粗略估算一下，如果每天可以抽出一个小时写作，那么基本一年可以完成一本书。不过这是理想的算法。

担任管理咨询师的同时，我还兼任独立董事，需要经常参加演讲和培训。所以，我基本抽不出时间来完成写作。虽然写作是我喜欢的事情，但对我来说是个难题。

罗兰·贝格曾对我说："写书这件事情只有自律的人才能完成。因为没有任何人的命令，全靠自己自觉写出来，这是一种天赋。"

平时工作繁忙，周六也会安排得满满当当，所以我只能在周日写作。好在我的孩子们都已经独立，自己对于钓鱼和高尔夫也断了念想，所以就能专心写作了。

虽然是这么计划的，但是好不容易可以休息一天，有时候也懒得动笔去写。

每当想要偷懒的时候，我会想办法激励自己，并促使自己坐到写字台前。

当写作进入佳境，有时候我根本不能满足于仅在周日一天写作，我会在每天早上利用30分钟或1个小时的时间写作。

我遇到过的工作做得好的人，无一例外都是时间管理达人。他们深知时间的价值，希望在人生有限的时间里努力做出成果。

我坚信，如果能控制好时间，也一定能控制好自己的人生。

第7节 | 第7种习惯：心怀感恩

⊙ "被选中"是奇迹

在我成为罗兰·贝格国际管理咨询公司的社长时，虽然公司尚小，但社长却是"一城之主"的重要角色。虽然此前我作为合伙人承担着管理责任，但终究只是公司里的一个"官员"。

作为社长，我必须确保员工有饭吃，必须保证他们的工作。不管他们做了什么，我都要给他们发工资。

但是，当时的罗兰·贝格国际管理咨询公司还很弱小，能力不足，想要为员工们确保稳定的咨询项目还异常艰辛。

即便如此，经过我们的努力，公司知名度还是在慢慢提升，不断开始有客户邀请我们去参加管理咨询项目的提案比稿。

每当这时，公司就全员出动，齐心协力制作提案，面向客户我亲自讲解。为了提高公司的知名度，我们一点一点地努力。

即便如此，很多时候努力还没有结果。我们曾经有连续五次比稿失败的惨痛经历。

虽然我在失败后强打精神鼓励员工们，但是我的内心特别失落。

后来，终于有一个客户跟我们签约成功。那种激动的心情真的是无以言表，我简直快要哭出来。

在连续遭遇失败，经历了"不能被选中"的失落后，对于提案重新被选上的事情我心中充满了感激。

在后来的时间里，我曾一度骄傲自满，觉得我们的提案"被选上是理所当然"。对于自己这样的心态，我深感厌恶，并进行了深刻地反省。

人生在世，"不被选中"是很平常的事情，"被选中"才是奇迹。对于"被选中"的项目，我们要心怀感恩，通过努力工作来回报客户对我们的青睐和信任。

唯有被选中才能更好地工作

管理咨询师基本上都是高学历的优秀人才。回顾自己的人生，很多人都体验过被选拔的滋味。

经过严格的选拔，最终能进入管理咨询公司就是一种"被选择的人生"。

被选中的人往往会产生错觉，觉得自己了不起因而会变得自负。

对管理咨询师来说，"唯有被选中才能更好地工作"。

客户选择了我们，我们才能做工作。

而且，因为有很多在背后帮助我们的同事，我们才能专心地去完成自己的任务。

永远不要忘记选择我们的人，要心存感激，永怀感恩之心。

"专业化"社会的 ◄ 第11章
生存和工作法则

第1节 | 不是改变职业，而是改变自己

◯| 享受"多栖职业"

在第10章，针对如何成为专业人士，我基于自己的经验进行了说明。

在第11章中，我将针对选择管理咨询师这个职业意味着什么，以及面对日本商业社会即将到来的"专业化"我们应该怎么做进行说明。

在32岁的时候，我从某大型企业辞职，转型加入管理咨询公司，走上了管理咨询师的道路。在别人看来，我不过是选择了另一种职业，但是这次转型对于我自己却意义非凡。

选择管理咨询师的职业，对于我不仅是变换了一种职业，更是选择了一种新的人生。转型之后的我，不再背靠大公司生活，而是需要以我的能力去养活自己。

当然，只有大型公司才能做到的大场面以及给人的成就感，都是非常有吸引力的。但是，我舍弃了在大型公司的工作。此后，我要想办法证明自己的选择是正确的。

虽然转型之后的道路并非一帆风顺，但是30多年后的现在，我一点也不觉得后悔。因为在这个过程中，我经历了几个让自己充满热情的工作。

我成为管理咨询公司的社长、会长、大学教授、多家公司的独立董事，并成为一名商业书籍的作者。而这些都是我转型之后的几个项目带给我的好处。

我把这样的工作称为"多栖职业"。

"一地多种"是指在同一块耕地上一年种植三次或三次以上的农作物。

在我的一生中，能经历多元化的职业体验，并乐在其中，真是我人生之幸事。

在日本举办的橄榄球世界杯中名声大噪的福冈正树曾表示，他计划在退役后进入医学院学习，立志成为一名医生。因为受到身为医生的祖父的影响，自己从小的理想便是成为一名医生，现在他希望可以实现自己的梦想。

如果一直在一家公司上班，或者一生只做一样工作，也绝对没有什么坏处。如果因为没有其他选择而懒于进步，那么这样的状态，无论对于自己还是对于公司都是没有好处的。

如果认为目前的选择不适合自己，或者已经找到了其他想做的事情，那么你不妨多给自己一个选择。

我觉得能为每个人提供多种选择的世界，才是真正富足的世界。

能力强大的专业人士，在任何领域都能大放异彩

曾在一起工作的同事中有很多人在别的领域也做得非常好。

接替我担任社长的水留浩一，现在是商人寿司郎株式会社
（Sushiro Global Holdings Ltd.）的社长，公司的业绩非常不错；
足立光曾任麦当劳日本公司的高级执行董事和市场部部长，在扭
转业务局面上展现了强硬有力的一面；铃木信辉是世界服装公司
的执行董事。

优秀的管理咨询师因为掌握了业务变革和经营管理的"穴
位"，所以在实际的公司经营管理中也能做得很好。

也有很多同事和我一样选择在商学院任教。例如，平井孝志
现在是筑波大学商学院的教授。

可以说优秀的专业人士，无论在哪个领域，都能做得很好。

年轻一辈中，选择离开公司并挑战自己创业的人数量也在增
多。我衷心地希望他们能干出一番大事业让世人称赞。

罗兰·贝格国际管理咨询公司不仅是专业的管理咨询公司，
我也希望它是优秀人才的摇篮，希望它能培育出更多优秀的
人才。

第2节 | 专业公司的两大特征

特征1：机会对每个人都是公平的

　　像罗兰·贝格国际管理咨询公司这样的外资管理咨询公司，是专业型咨询公司，所以公司内聚集的都是专业型人才，人才战略也是专业公司才有的人才战略。

　　罗兰·贝格国际管理咨询公司人才政策的第一个特征是机会对每个人都是公平的。

　　管理咨询行业是一个残酷的世界。管理咨询工作难度高，工作障碍大，并不是任谁都能胜任的工作。但同时，这又是一份只要有实力、有干劲，谁都可以得到晋升的公平的工作。

　　在一般的公司，越往上，公司能提供的职位越少，如果晋升失败，那么基本就与管理职位无缘了。

　　当然在管理咨询行业职位也有高低之分。

　　以罗兰·贝格国际管理咨询公司为例，应届毕业生从"初级管理咨询师"做起，逐级晋升到"管理咨询师""高级管理咨询师""项目经理""高级项目经理""执行合伙人""合伙人"。一级一级往上晋升的体制，与一般的公司是一样的。

　　但是，每个级别的人数没有限制。也就是说，只要你符合某个级别的要求，公司就会给你某个级别的职位。

其实从公司的角度来说，公司也希望自己的每一个员工都能得到很好的发展和成长，希望自己的员工都能晋升。因为员工的成长和发展直接关系到公司的成长和发展。

管理咨询师的工作虽然残酷，但又是一份极其公平的工作，每个人都有同等的机会。晋升与否，就看自己的实力如何。

我认为，年轻一代对管理咨询行业颇感兴趣的原因之一也就是在这里。

● 特征2：进出自由

专业型咨询公司的另一个特点是，如果员工曾经选择离职，即使换到其他公司工作一段时间，还可以回到之前的管理咨询公司。

目前，在罗兰·贝格国际管理咨询公司大约有10名员工是离职后再入职的情况。其中，贝濑齐回到罗兰·贝格国际管理咨询公司后，工作业绩突出，还晋升到了合伙人。

凡是选择从罗兰·贝格国际管理咨询公司"离职"的人，我都不会阻拦。

优秀的人才离开，对公司来说是一件非常难受的事情。但是，选择离职肯定是员工基于自己的职业发展考虑，有自己的想法，我选择尊重员工的决定。

但是，员工离开的时候，我会告诉他们，如果过段时间你还想做管理咨询的工作，或者你还想回到罗兰·贝格国际管理咨询公司，请一定要回来。

离开罗兰·贝格国际管理咨询公司，了解了外面的世界，积累了新的经验，这样的焕然一新的人才，对我们来说是有着无穷魅力的优秀人才。

一家"进出自由"的公司，能强化员工的多元性。

知识点

在"另外的游戏"中获得实力，成为"不一样的人"

允许曾经离职的员工再次入职回到公司这样的事例，在其他大企业中也开始出现了。

例如，我在BCG的同事樋口泰行曾担任微软（日本）公司社长等职务，2017年回到松下电器担任专务董事，这件事一度成为话题，引起关注。

在我担任独立董事的损保控股公司（SOMPO HOLDINGS），担任公司首席问题官（CSO）的奥村三雄也曾离开公司，在其他公司工作一段时间后又回到了损保控股公司。

虽然案例还不多，但是在日本企业，离职后又回到公司的员工也开始逐渐增多。

40年前，我选择离职的时候，我的上司告诉我："你要想好，一旦离开就没有机会再回来了。"当时的场景直到现在我还记忆犹新。虽然我自己的打算是一旦离开公司肯定不会再回去，但是我的上司很关心我未来的去向，向我指出了这一现实。

现在时代发生了变化。如果只是"同质"的人在一起，很难改变公司。在其他公司或者其他行业的"竞争游戏"中有所体验和经历的人，一旦回来，一定能给"同质化"的公司带来一股不一样的风气，而拥有不同"体质"的人才是企业变革的原动力。

在其他"竞争游戏"中获得实力的人，应该得到公司的重用。

第3节 | 专业化时代已经到来

🌓 如何促使公司发生变化

日本企业中"离职又回归"的人逐渐增多的现象，是日本企业在发生巨大改变的积极征兆。

日本企业现在正处于大变革的时代。

以日本昭和时代社会经济高速发展为背景的旧的企业发展模式已经不再适用，大家只要努力工作就能取得巨大成就的时代已经过去了。

日本到了平成①时代，这种经营发展模式开始动摇。其结果

———————————

① 日本天皇明仁的年号，使用时间为1889年1月8日—2019年4月30日。

是，日本企业在全球的影响力迅速消退。

尽管如此，很多日本企业还是延续昭和①时代的发展模式，不肯进行大刀阔斧的改革。

日本进入令和②时代，本国企业的处境变得非常紧张，如果不进行彻底且大胆的改革，企业将难以为继。

而大型变革的根本，是重新调整人才战略。

丰田公司曾表示，2019财年在综合岗位的招聘中，社会招聘人数的比例从2018财年的10%提高到了30%，中长期将提高到50%。为了应对自动驾驶等下一代技术的发展浪潮，丰田公司正在积极地从公司外部招聘人才，并引入与员工技能相称的薪资制度，试图对传统的用人方式进行大面积改革。

这种改革动向更加明显的是信息技术行业。

例如，根据中国的腾讯研究院所编制的《全球人工智能人才白皮书》显示，全球企业对于人工智能人才的需求为100万人，而目前实际从事该领域工作的专业人员约为30万人。相比之下，人才缺口达到70万人。

为了优先抢占优秀人才，一些国际大型信息技术企业正在不断抛出诱人的薪资条件以招揽优秀的人才。

在硅谷，顶级工程师的薪酬就算超过1亿日元也并不稀奇。

---

① 日本天皇裕仁的年号，使用时间为1926年12月25日—1989年1月7日。

② 日本天皇德仁的年号，开始使用时间为2019年5月1日。

一直不愿意跟随国外信息技术企业脚步的日本信息技术企业，也终于开始行动起来了。富士通公司准备建立"不分年龄，为员工提供3000万日元到4000万日元不等"的年薪制度。都科摩公司（NTT docomo）也开出了3000万日元左右的年薪。日本电气股份有限公司（NEC）的社长新野隆曾表示："面向全球性的竞争环境，我们必须建立与之相匹配的全球性人才制度。继续使用以往的人才招聘制度是不合时宜的。"

如果公司的"人"不发生改变，公司本身也不可能产生任何改变。导入能适应新时代发展的新的人才战略，对每个日本企业来说是紧要事务。

技术淘汰"业余"

在讨论未来日本企业的人才战略时，不可不考虑的因素是科学技术带来的影响。

随着人工智能、机器人技术的发展，很多职业将会被技术所取代。关于技术带来新的失业现象的讨论也在不断增加。

例如，以色列历史学家尤瓦尔·赫拉利曾指出，人工智能将剥夺劳动者的价值，从而产生一个新的"无用阶级"。这样的言论对人们产生了巨大的冲击。

另外，牛津大学研究员奥斯本和他的同事们对702个工种进行了"可替代性"研究，发现"其中47%的工种未来被计算机取代的可能性非常高"。

先进技术的发展浪潮，毫无疑问会对以往的工作和劳动产生巨大的影响。

但是，在这里我们必须要注意到"个体差异"，即"由个人产生的附加价值的大小"。

例如，注册会计师行业不可避免地会受到人工智能技术发展的巨大影响。人工智能极有可能取代注册会计师的大部分工作。然而，这并不意味着所有的注册会计师都将不再被需要。能够提供人工智能无法替代的高附加价值的注册会计师，反而会更加具备影响力和存在感。换句话说，业余水平的注册会计师将会被"清理"，但专业的注册会计师反而会更加抢手。

所以，重要的不是哪些职业会被技术浪潮淘汰，而是从事该职业的每一个人到底是专业水平还是业余水平的问题。

日本商业社会也正在朝着"专业化"发展

这样的社会动向到底意味着什么？

日本商业社会也正在朝着"专业化"发展。

被评价为专业人士的高精尖人才的价值将会越来越高，而且会供不应求。从公司的角度来看，如果不能确保专业人才，企业就无法实现变革。

管理咨询师是"变革专家"。商务领域需要的各种专业人才包括经营战略方面的专业人才、技术方面的专业人才、知识产权专业人才、人工智能专业人才、数字化专业人才、财务专业人才、法律专业人才和营销领域专业人才等。毫不夸张地说，一个公司的命运将可能取决于是否拥有高度专业的人才。

松下电器的社长津贺一宏一直在积极地招募来自谷歌、美林证券以及思爱普（SAP）公司的管理人才，他曾说："老员工只会思考以前的事情。公司需要找到能探讨新商业模式的人。"

这样的潮流，将会推动日本企业向"实力论英雄"的实力主义公司转变。

如果日本企业不改变作为企业基础的年功序列制度①，就不可能吸引到顶尖人才。

一个个人评价和薪资水平都没有太大差异的公司，是不可能吸引到高端人才的。

从劳动者的角度来看，在实力至上的社会中，生存下去的唯一途径就是积累在任何地方都能通用的技能和经验。如果你想晋升，干出一番大事业，就必须以成为专业人才为目标，并拿出气魄和努力。

也就是说，即便是在一般企业工作的普通白领或商务人士，如果不能被认定为专业人才，那么也不可能得到很高的评价。现

---

① 建立在为组织的工作时间和个人资历，而不是绩效或其他特征基础上的员工报酬制度和晋升制度。

在就是这样一个弱肉强食的商务社会。

所以，从这个角度来看，本书中介绍的很多内容，实际并不局限于管理咨询行业的从业者们。

智商×情商×专业意识

这一成功方程式，对于以成为专业人才为目标的所有商务人士，都是通用的指南。

社会需要的"四种人才"

在专业的管理咨询公司工作的管理咨询师们，必须全员以成为专业人才为目标。

既然公司打出的旗号是"专业"，那么公司的员工也必须专业。

不过，在常规公司，并没有必要要求全体员工是专业人才。因为有各种各样的职业，每个人发挥的作用也不一样，公司要求每个人在自己的岗位上做出相应的贡献就可以。

但是，就算是在常规公司，也没有余力去养活不为公司做任何贡献的员工。所以，要问问自己到底能为公司做什么贡献？

那么，在常规公司中，管理层如何对自己公司的员工做区分呢？

我把社会需求的人才大致分成以下四个类别。

❶ 管理领袖型人才

管理领袖型人才是指负责公司经营管理的高层管理人员以及经营管理预备人才。这类人员，原则上是从公司内部提拔晋升上来的。但现在，从社会上直接招聘"职业经理人"的情况也在增加。

❷ 高度专业型人才

高度专业型人才是指对于提高企业价值不可或缺的，负责高度专业化工作的人才。

这类人才在不同的业务领域和不同的岗位上拥有卓越的专业性和丰富的经验。

他们可以通过公司内部培养，也可以利用外部资源。通过培养，这类人才中极有可能产生管理领袖型人才。

❸ 技能型人才

技能型人才是指在各类业务现场为公司创造高附加值的人才。例如，在制造工厂、销售一线、服务现场等，用自己的业绩和经验为客户和公司提供高附加值服务的专业人员。

❹ 体力型人才

体力型人才是指从事附加价值不高的工作人员。

这些岗位具备高度可替代性，假以时日，极有可能会被人工智能和机器人所取代。

管理领袖型人才和高度专业型人才，是市场性极高的人才。

技能型人才是对特定公司有用的人才，其市场性较为有限。可以说，这类人才是公司内部的专业化人才。

体力型人才应该是会被先进技术所淘汰的人才。因此，企业所需求的人才将是管理领袖型人才、高度专业型人才和技能型人才。

如果不能成为这三类人才，你可能会变成"无用的人"。

在新时代背景下，商务人员面临的根本问题可以概括为以下问题。

作为专业人士，你能留存下来吗？

作为技术人才，你能留存下来吗？

还是说，你会被替代？被淘汰？

毫无疑问，未来十年间，日本企业的人才策略将会发生剧烈变化。如果不能紧随潮流，你就没有未来。

⊙ 成为专业人才只是成功的第一步

即使有人劝你要以成为专业人才为目标去规划自己的发展，很多人也会认为这是一个遥远的世界，与自己无关。

然而，专业化的案例就在我们身边。

看看体育界的职业化发展，就可以推断出"专业化"到底是什么含义。

以足球为例，职业球员和业余球员有着明显的区别。

优秀球员都是以成为职业球员为梦想进行刻苦训练的。不管有多么好的天赋，只要他们一直停留在业余领域，作为足球运动员是无法谋生的。而实际上，比起"职业与业余"的差异，在"职业"领域，人与人之间的竞争和差距还要更惨烈。

例如，日本职业足球联赛（J. League）中J1级别的球员平均年薪约为3500万日元（2019年数据）。收入超过1亿日元的日本选手有10多位。再看在海外体育界活跃着的日本选手，年薪高的选手也在逐年增加。

与之相对，等级较低的J2级别的平均年薪约为400万日元，J3级别的平均年薪为300万～400万日元。

对他们来说，好不容易签了一份职业合同，但却只能获得与大学毕业生起薪相同的工资。所以，他们一定会争先恐后地努力，争取晋升的机会。

成为专业人才并不意味着最终的成功。不过是以"专业人才"的面貌去尝试进一步的发展而已。

同样的事情，也即将在商业界发生。

我们正在进入这样一个时代，只有那些被公认为专业的人，并希望在专业领域进一步有所突破，有能力、有意识、有欲望的人才能成为最终的赢家。

日本前足球运动员三浦良知曾说："我经常听到J2、J3的人说他们希望训练场地和环境能好一点。但是，如果自己不努力往上走，训练环境是不会变好的。与其梦想着训练环境能变好，不如自己想办法到好的场地去。如果想要进一步发展下去，就要离开现在你所处的环境，到更好的环境里去。"

这段话，简直是关于专业的本质的浓缩性阐述。

不管你在酒吧里和同事们怎么抱怨，都不会有什么改变。唯一能改变生活的人，就是你自己。

第4节 | 专业人员必须具备的心态

● 靠自己的一技之长活下去

"专业"这个词，是特别容易被轻松使用的一个词。

各大公司的经营管理者在对员工的指示和讲话中，经常会说"公司需要专业人才""要以专业为目标"，但是他们往往并没有对什么是专业做出具体的说明。

要想成为公认的专业人才，市场所要求的高度专业性，是不可或缺的。

要想获得高度专业性，需要拥有比别人更多的才能和付出比别人更多的努力。

但是，拥有了高度专业性，就能被称为"专业人士"了吗?

我并不这样认为。

磨炼自己的技能、积累经验固然重要，但最重要的是，要时刻保持"专业"的态度。这种态度，就是普通人员与专业人士之间的分割线。

所谓"专业人士"，是准备"靠自己的一技之长生存下去"的人。

他们可能属于某个组织，也可能并不属于任何组织。但是不管在哪里，他们终究是靠自己的个人价值进行竞争。唯有这种态度，才是"专业"。

▶ 不要给自己的潜能设限

有些人可能对我的想法不以为然。

可能有的人会觉得"你能这么说，是因为你是'人生赢家'"。

但当我回顾我30多年的职业生涯时，可以肯定地说，我很少有片刻的安定。

我的职业生涯看似是一次辉煌而成功的转型。但事实上，我一直在挣扎、烦恼、担心，我在不断地质问自己。

在这个过程中，我做的唯一重要的事情是，没有给自己的潜能设限。

"我能做好管理咨询师的工作吗？""咨询项目能得出成果吗？""我自己能签下客户订单吗？""员工愿意跟着我这个社长一

起工作吗？""书能写成吗？"

当我换工作或者职位发生变动时，焦虑的心情便会涌上心头。

每当这个时候，我会坚定地告诉自己"我可以做到！我有潜力去完成"，并以此激励自己。而后来，我确实也做到了很多事情。

所以我相信，每个人都有属于自己的天赋和力量。

然而，大多数人却给自己的潜能设限，没有把自己的潜能充分发挥和利用起来。

我觉得这真的非常浪费。唯一能相信自己有潜力的人，一定是自己。

● 多样性中求统一

当我说"靠自己的一技之长活下去"时，可能有的人会批判："那我们该把日本企业一直重视的'和谐'精神放在哪里呢？"

很多人把"专业"二字理解为"个人主义"或"独行侠"。

当人们谈及靠自己的一技之长过日子时，总会有人对日本企业长期以来所崇尚的"和谐"精神提出批评。

诚然，日本企业一直以来都很重视团体精神、谋求和谐、重视团队合作。"和谐"精神的重要性一直以来没有改变过，未来也不会发生变化。

但是，企业内专业人士增多，并不意味着一定会破坏和谐和团队合作。

相反，真正的专业人士也是优秀的团队成员。这一点，在足球、橄榄球等职业体育领域也是如此。

未来我们追求的"和谐"，不仅是同质化的"好伙计俱乐部"，还应是各个领域的专业人士聚集在一起组成一个和谐的团队，发挥各自的优势，以此实现共同的目标。这才是我们要追求的"新和谐"。

我32岁加入BCG时，曾在美国波士顿接受入职培训，培训老师教给我了"在多样性中求统一"。

具有不同个性和多样性的管理咨询师，组成一个团队开展工作，并以此实现团队目标。专业人员之间的团结意识会从不断磨合中逐渐产生。

现在的日本企业需要的是"良性冲突"。员工之间不畏对立和冲突，进行良性的意见交换和观点碰撞，向着共同的目标前进。这样的过程，对于创造未来至关重要。

所谓"和谐"，并不是从一开始就有的。"和谐"是公司内部良性冲突的结果。

● 从"温水煮青蛙"的环境中跳出来

日本经济同友会代表干事樱田谦悟为我们敲响了警钟："你是不是一只认真的水煮青蛙？"

所谓"认真的水煮青蛙"，指的是"每天努力工作，却对外界视而不见，看不清工作方向的人"。

日本企业目前正在进行重大转型，不做出改变肯定无法生存下去。所以，企业管理层也是拼了命在努力推进公司改革。

改革的问题在于员工。

在企业推进转型和变革的过程中，不改变自己的意识和行为的员工，必定会成为被淘汰的对象。今天的日本企业已经不能再有任何犹豫了。

而摆在员工面前的，只有两个选择：要么以专业人才的身份在优胜劣汰的社会中取得成功，要么还是维持"水煮青蛙"的状态被公司淘汰。

第5节 | 专业人士取得成功的"五大思维模式"

那么，在当前这个实力至上的社会，作为专业人士如何在优胜劣汰中维持生存呢？

专业人士急需改变的是抛弃传统思维，进行思维模式转变。具体可以归纳为以下五个方面。

思维模式1　要以自身的市场价值取胜

以前，大多数商务人士的目标是成为对公司有用的人，成为被公司选中的人。一旦自己在公司内部受到重视和认可，就能爬上成功的阶梯，获得更高的薪水。公司人力资源评价的轴心也一直是以"对公司的价值"为基础来做评价的。

而专业人士应该更加关心自己的市场价值，而不局限于自己对公司的价值。

不要执着于那些只能在公司内部使用的技能，要提升自己的通用技能和经验，唯有如此，自己发挥才能的舞台才能不断扩大。

如果你打算换工作，请先评估一下自己到底具有多大的市场价值。

把自己放在一个人们高度重视、愿意"高价购买"的地方，这才是专业人士的价值。

当然，期望值越高，自己所背负的责任和压力也就越大。但这种责任感和压力感才是专业人士不断进步的原动力。

思维模式2　执着于结果

专业人士其实也是"职业人"。

大家把你当专业人士，当然也就对你抱有很高的期待，大家期待你以专业人士的身份去完成自己的任务。

工作的本质

236

所以，对专业人士来说，"结果"就是一切。

每一刻都是"决胜"时刻，不可以放松。

无论"过程"多么合理，如果没有达成预期的"结果"，我们还是会被打上"不专业"的烙印。

我并不要求罗兰·贝格管理咨询公司的管理咨询师们对公司做出什么"承诺"。

如果他们互相帮助，喜欢公司，愿意在一起工作，对我来说真是太好了，但是如果他们在工作中做不出成果，那也没有意义。

对专业人士来说，重要的是自己对工作的承诺。

◐ 思维模式3　要绝对取胜

无论在哪个领域，最有价值的专业人才是那些能够创造出独特的"绝对价值"的人。

唯有具备"不可替代性"的人才，才可以说是"终极的专业人才"。

所以，不要和别人比较，而要追求"只有自己能做到的事"，以成为"没有对手存在"的绝对性专业人才为目标。

为此，我们需要冷静地分析自己的优势和劣势，从战略上评估自己哪些地方需要改进，哪些地方需要提高。清楚地认识自己，是成为专业人士的第1步。

思维模式4　要自律

专业人士没有必要有"上司",如果真的要说上司是谁,那就是自己。

真正的专业团队,只会确定共同的目标、最低限度的规则。这是因为,过多的规则和约束反而会破坏专业人士的创造力和积极性。

专业人士不会听从他人的命令或指示,他们会自己主动决定和行动。也就是说,他们会做好"自我管理"。如果做不到这一点,无论他有多么优秀的才华,都不过是外行而已。

思维模式5　有限的精力集中于可控事项上

对专业人士来说,悲观的情况是没有可控的选择项。

只要存在自己可控的因素,专业人士就不会放弃,他们总是会乐观地思考和看待一切事物。

专业人士能想办法找出自己可控的东西,并将精力集中于此,努力寻找突破口。他们不会纠结和盲目执着于自己不可控的事情,也不会怨天尤人。

真正的专业人士可以在瞬间扭转局势。他们可以分辨什么"可控",什么"不可控",并把全部的注意力和精力专注于可控的事情上。

成为一流的管理咨询师必须具备的三大条件

▷ 对企业来说，变革的难度越来越大，情况越来越复杂，速度却越来越快。支持企业实现变革的管理咨询师的重要性也越来越高。

▷ 要想发挥管理咨询师的作用，必须具备三个条件——"智商×情商×专业意识"。

▷ 智商是思考力，情商是感受力。

锻炼和使用大脑的技法

▷ 尽管公司经营管理需要理性，但是公司总是会在不知不觉间丧失理性。这个时候，就是作为"外部人士"的管理咨询师发挥自己作用的时候了。

▷ 执着于错误的理性，其实是最不合理的事情。

▷ 对管理咨询师来说，逻辑性是极其重要的，但也要特别注意"只重视逻辑"和"陷入逻辑陷阱"的可怕后果。

▷ 重要的是，管理咨询师应具备能超越逻辑的创造性思维方式。为此，管理咨询师需要不断"否定常识""改变思考的角

第11章 「专业化」社会的生存和工作法则

239

度""价值整合""逆向策略""突出自己""注重未成熟的业务"等，给常规的逻辑增加一些合适的转折。

▷ 商业世界的逻辑，比起严密精确，更加注重核心、框架和大局观，需要的是"商业方面的智慧"。

▷ 要组合出有意义的逻辑，管理咨询师需要"看清真正重要的东西""用'相关关系'和'因果关系'来看待事物""重视情景规划""坚信固有的观念敌不过坚定的信念""形成自己的思考风格"等。管理咨询师需要用自己独特的方法锻炼大脑。

训练和使用情商的技法

▷ 在管理咨询项目推进过程中，管理咨询师需要充分运用智商和情商，通过理解客户，促使客户付诸行动。

▷ 情商是指能读取和理解别人的感觉、情绪、感情的能力。具体来说，必须在两个方面发挥作用——让客户放开心态（接受）和让客户内心触动（激发）。

▷ 要想"让客户放开心态"，就必须注意倾听客户的意见、参与客户的讨论、热情对待客户。

▷ 要想"让客户内心触动"，就必须用高超的"传达"技术来激发客户。"传达"有文字形式和口头表达形式。

▷ 幻灯片制作有三个技巧：让信息"结晶"、明确本质、使用留白。

▷ 口语表达也有三个技巧：表达要有现场感和真实感、适时试探客户、营造积极的氛围。

专业意识

▷ 智商和情商的基础是"专业意识"，即"作为专业人士的自我觉悟"。坚持"一切为了客户"和执着于结果这两大意识，才能彻底地用好自己的智商和情商。

▷ 要想成为一个真正的专业人士，必须时刻保持八种态度。

"专业化"社会的生存和工作法则

▷ 日本的商业社会将变得更加专业化，不仅是管理咨询行业，任何行业都将是专业人才才能生存的时代。

▷ 常规公司的人才一般分为四种：管理领袖型人才、高度专业型人才、技能型人才和体力型人才。

专业型人才将能在竞争中取胜，技能型人才可以生存下去，但体力型人才终将被淘汰。

▷ 不管什么职业，如果以成为专业人才作为发展目标，"智商×情商×专业意识"这一成功方程式都是共通的。

▷ 作为专业人士成功"存活"下去，以下五种思维模式不可或缺：要以自己的市场价值取胜；执着于结果；要绝对取胜；要自律；有限的精力集中于可控事项上。

后记

> 成为"摆渡人"

我曾写过两本书。

一本是2014年在日本出版的《现场论》。这本书的内容是关于我长期研究的现场思想和理念。

另一本是2018年在日本出版的《活着的公司与死去的公司》（意译）。这是关于我对经营产生的想法的书籍。

通过这两本书，我把自己对于"现场"和"管理"的想法都说了出来。

但是，我做了30多年管理咨询的工作，却从来没有写过关于我的工作总结。

我曾希望在某一时刻能根据自己的经验写出自己的"管理咨询论"，但是要客观地看待自己的工作却出奇地困难。我一点一滴地积累着自己的想法，这次终于可以把它们整理出来了。

回想自己的职业生涯，我不禁为自己年轻时的不成熟、无能为力，甚至无知，感到羞愧不已。

感谢给予我关照的客户们以及一路上帮助和支持我的上司和同事们，能给我做管理咨询工作的机会。

写完本书，我再回头去想，不禁感叹自己真的是幸运至极。

在这30多年里，我遇到了很多优秀的人，他们给予了我太多

工作的本质

的帮助和支持，才让我的事业有了今天的成就。

2013年我有幸遇见日华化学公司的江守干男名誉会长。他是带领总部设在日本福井的日华化学公司成功发展为全球性知名企业的著名企业家。

江守干男已经于2014年逝世，但是他曾教给我一个词语叫"摆渡人"。

这个词语原本出自日莲宗经文。含义是，只要你努力，一定会遇到能帮助你跨越困境的人，而你遇到的那些人就是"摆渡人"。

江守干男一生中不止一次遭遇困境，每次都能遇见自己的"摆渡人"，得以脱离困境。我遇见他时，他非常热忱地向我述说着自己的人生经历。

回想我的大半生，我也曾有幸多次遇到我的"摆渡人"。一路走来给予我莫大帮助的人，还不仅限于本书中我介绍到的各位。可以说有几十人、几百人之多的"摆渡人"支持我走到了今天。

当我回想我的工作以及管理咨询行业的工作本质，突然觉得自己也必须得做客户的"摆渡人"。

作为管理咨询师，对客户来说，我们就是帮助他们克服困难脱离困境的人。

我从来没有想过我能在管理咨询行业工作30多年，但转眼间竟然30多年过去了，真是岁月如梭、时光似箭啊。

正如我在本书中所承认的那样，我从来没有觉得管理咨询工作是"快乐"的。

相反，对平凡的我来说，这是一份严酷、高压的工作，当然也就不能轻易享受到其中的乐趣。

但是到了50多岁以后，我终于开始明白其中的"快乐"。

就算是现在，我还是能感受到工作中的压力。但随着我的工作经验增加，现在稍微能感到轻松一些。

狂言师[①]山本东次郎曾说："古典艺术的世界里，没有世俗中所认为的巅峰。一生都是修行。当我的父亲曾这么告诉我的时候，年轻的我只觉得那将是一座永远没有终点的高山，是一种非常痛苦的感觉。但到了81岁，我竟然心怀感恩。不管我是否做到了，但是一路走来全力以赴的努力让我的内心充满了安全感。（中间省略）非常庆幸我有一座可以不断去攀登的高山。"

管理咨询也是一份没有巅峰的工作。

不管你做到什么程度，都没有达到终点的感觉。

对此，以前的我感到的是不安，甚至不满。我也是最近才领悟到，正因为如此，我才能坚持不懈地走到了今天。

我喜欢的"落语"[②]里面也有这样一句话："三四十岁的时

---

① 兴起于日本民间，在日本能剧剧目之间表演即兴简短的笑剧表演人。——译者注
② 落语是日本的传统曲艺形式之一。——译者注

候，还不过是个幼稚的孩子，60岁以后，终于可以独当一面。"

最近，我除了有管理咨询的工作以外，独立董事、经营顾问等工作也在增加。虽然我所处的位置和发挥的作用稍微有一些不同，但是作为"外部人士"给予建议和支持的期望没有改变。

今后，我还会继续坚持下去，作为"外部人士"不断精进，不给自己的潜能设限。

在另一种意义上，对我自己来说，本书也是给我自己的纪念。这是我在东洋经济新报社出版的第10本独著作品。

借此机会，我要感谢长期以来给予我不断鼓励和建议的编辑中里有吾。

我还要一如既往地感谢我的秘书山下裕子，感谢她为本书的写作提供良好的环境并帮助我制作图表。

对我来说，中里有吾和山下裕子是非常重要的"摆渡人"，再次特别感谢他们。

在写这本书的过程中，2019年12月21日，我的狗希娜（音译）像风一样飞去了天堂。她是我最好的伙伴，我也把本书献给希娜。

远藤功

参考文献

第1章

[1] 並木裕太（2015）『コンサル一〇〇年史』ディスカヴァー・トゥエンティワン。

[2] ジェームス・C・アベグレン（2004）『日本の経営』日本経済新聞社。

[3] 並木裕太（2015）『コンサル一〇〇年史』ディスカヴァー・トゥエンティワン。

[4] M・ハマー／J・チャンピー（1993）『リエンジニアリング革命』日本経済新聞社。

第2章

[1] 堀紘一（1987）『変われ日本人 甦れ企業』講談社。

[2] 遠藤功（1998）『コーポレート・クオリティ』東洋経済新報社。

第3章

[1] 遠藤功（2004）『現場力を鍛える』東洋経済新報社。

[2] 遠藤功（2005）『見える化』東洋経済新報社。

第6章

[1] 名和高司（2018）『コンサルを超える 問題解決と価値創造の全技法』ディスカヴァー・トゥエンティワン。

第11章

[1]『日本経済新聞』2019年10月3日。

[2]『日本経済新聞』2018年6月23日（夕刊）。

[3]『読売新聞』2019年8月9日。

[4]『毎日新聞』2019年8月20日。

[5] ユヴァル・ノア・ハラリ（2018）『ホモ・デウス　上・下』河出書房新社。

[6]『THE21』2019年6月号「業界&企業の未来予測」。

[7]『日本経済新聞』。

[8]『日本経済新聞』2019年7月5日。

[9] 小林喜光監修・経済同友会著（2019）『危機感なき茹でガエル日本』中央公論新社。

后记

[1] 江守幹男（2014）『変化の人』ダイヤモンド社。

[2]『日本経済新聞』2019年2月24日。